D1720005

FSC
www.fsc.org
MIX
Papier aus verantwortungsvollen Quellen
Paper from responsible sources
FSC® C105338

Danny Kruse

Risikomanagement und unternehmerisches Handeln

Die Frage nach der Notwendigkeit

Diplomica® Verlag GmbH

Kruse, Danny: Risikomanagement und unternehmerisches Handeln: Die Frage nach der Notwendigkeit. Hamburg, Diplomica Verlag GmbH 2013

ISBN: 978-3-8428-8880-7
Druck: Diplomica® Verlag GmbH, Hamburg, 2013

Bibliografische Information der Deutschen Nationalbibliothek:
Die Deutsche Nationalbibliothek verzeichnet diese Publikation in der Deutschen Nationalbibliografie; detaillierte bibliografische Daten sind im Internet über http://dnb.d-nb.de abrufbar.

Die digitale Ausgabe (eBook-Ausgabe) dieses Titels trägt die ISBN 978-3-8428-3880-2 und kann über den Handel oder den Verlag bezogen werden.

Inhaltsverzeichnis

Abkürzungsverzeichnis

Abb.	Abbildung
AktG	Aktiengesetz
Anl.	Anlage
Aufl.	Auflage
Ausg.	Ausgabe
BilMoG	Bilanzrechtsmodernisierungsgesetz
BMWi	Bundesministerium für Wirtschaft und Technologie
bspw.	beispielsweise
bzw.	beziehungsweise
CFaR	Cash Flow at Risk
CHF	Schweizer Franken
DAX	Deutscher Aktienindex
Diss.	Dissertation
EaR	Earnings at Risk
EDV	Elektronische Datenverarbeitung
EU	Europäische Union
EUR	Euro
EURIBOR	Euro Interbank Offered Rate
f.	folgende
ff.	fortfolgende
FRA	Forward Rate Agreement
GATT	General Agreement on Tariffs and Trade
GCG	Gulf Cooperation Council
GE	Geldeinheiten
ggf.	gegebenenfalls
GmbH	Gesellschaft mit beschränkter Haftung
HGB	Handelsgesetzbuch
Hrsg.	Herausgeber
i.d.R.	in der Regel
i.H.	in Höhe
IT	Informationstechnologie
IDW	Institut der Wirtschaftsprüfer
IfM	Institut für Mittelstandsforschung
IFRS	International Financial Reporting Standards
Jg.	Jahrgang

KMU	.... Kleine und mittelständische Unternehmen
KonTraG	.... Gesetz zur Kontrolle und Transparenz im Unternehmensbereich
MDAX	.... Mid-Cap-DAX
Mrd.	.... Milliarden
o.O.	.... ohne Ortsangabe
OPEC	.... Organization of Petroleum Exporting Countries
OTC	.... over the counter
o.V.	.... ohne Verfasser
p.a.	.... per anno
s.	.... siehe
S.	.... Seite
SWOT	.... Strengths, Weaknesses, Opportunities, Threats
u.a.	.... unter anderem
USA	.... United States of America
USD	.... US-Dollar
u.U.	.... unter Umständen
VaR	.... Value at Risk
Vgl.	.... vergleiche
z.B.	.... zum Beispiel

Abbildungsverzeichnis

Tabellenverzeichnis

1. Einleitung

1.1 Problemstellung

Unternehmerisches Handeln ist immer mit Risiken verbunden. Ihnen vollständig zu entgehen ist nicht möglich. Dabei ist es unerheblich, welcher Branche ein Unternehmen angehört, wo es seinen Standort hat oder wie groß es ist. Risiken führen zu Unsicherheit und einer ungewissen Zukunft. Unterschieden werden volkswirtschaftliche und betriebswirtschaftliche Risiken. Es gibt Beispiele, die verdeutlichen, dass aus volkswirtschaftlichen Risiken Wirtschaftskrisen entstanden sind, die in einer Vielzahl zu betriebswirtschaftlichen Katastrophen führten. Besonders weitreichende Krisen, die weltweite Ausmaße annahmen, waren im letzten Jahrhundert die Weltwirtschaftskrise, die seit ihrem Beginn im Jahr 1929 bis in die späten 30er-Jahre anhielt. Die beiden Ölkrisen aus den 70er-Jahren des letzten Jahrhunderts gehörten ebenso dazu wie später die Japan- und die Asienkrise aus den Jahren 1991 bzw. 1997/98. Der Börsencrash durch den Zusammenbruch der sogenannten Dotcom-Blase[1] um die Jahrtausendwende schloss sich an. Einige Jahre später, ab Mitte 2007, begann eine nächste finanzwirtschaftliche Krise. Sie startete nach einer langen Phase der Preissteigerung mit einem Verfall der US-Immobilienpreise. Parallel kam es zu einem rasanten Anstieg von Kreditausfällen, weil den Schuldnern aufgrund steigender Zinsen und fehlender Einkommen Kapital fehlte. Dieses Szenario entwickelte sich nach kurzer Zeit zu einer ausgeprägten Banken- und Finanzkrise, bei der viele Kreditinstitute Insolvenz anmelden mussten. Diese Finanzkrise weitete sich durch die Globalisierung sehr schnell aus. Spätestens ab Ende 2008, als die ersten Unternehmen außerhalb der Finanzwirtschaft zahlungsunfähig wurden und die Realwirtschaft bereits Staatshilfen zur Verfügung gestellt bekam, begann die Ausweitung von einer Banken- und Finanz- zu einer Wirtschaftskrise. Als Folge kam es weltweit zu äußerst ungewöhnlichen und überspannten Kursbewegungen an den Börsenmärkten. Externe Risiken wie Marktpreise von Zinsen, Währungen und Rohstoffen erreichten unter Kursschwankungen in kürzester Zeit neue, teils irrationale Höchst- und Tiefstkurse. Die Marktteilnehmer befanden sich in kürzester Zeit in einem Zustand absoluter Hilf- und Ratlosigkeit. Häufig endete die Situation in einer betriebswirtschaftlichen Katastrophe, nicht selten in der Insolvenz.
In solchen Krisen sind auch deutsche Unternehmen aus dem Mittelstand[2] der Industrie-, Handels- und Dienstleistungsbranchen, die in Größe und Ausgestaltung vom Einzelhändler bis zum Weltmarktführer in Nischenprodukten reichen, Opfer. Diese Krise zeigen immer wie-

---

[1] Durch die Medien geprägter Begriff. Beschreibt eine weltweite wirtschaftliche Spekulationsphase, die ihre vermeintliche Berechtigung in den hohen Gewinnerwartungen der technologischen Unternehmen Ende des letzten Jahrtausends fand.
[2] In dieser Studie werden die Begriffe Mittelstand, mittelständische Unternehmen sowie kleine und mittelständische Unternehmen (mit dem Akronym KMU) synonym verwandt.

der, wie anfällig insbesondere kleine und mittelständische Unternehmen (KMU) sind. Sie sind von Preisen vieler Rohstoffe, Währungen sowie von Zinsen abhängig. Die Auswirkungen von starken Marktschwankungen betreffen sie ebenso wie große Unternehmen. Ihr Umgang mit solchen Unsicherheiten allerdings ist ein anderer. Weil das Bewusstsein und die Akzeptanz dieser Art Risiken bei großen Unternehmen vorhanden sind, ist bei ihnen die Bereitschaft zu Gegenmaßnahmen größer. Deshalb nutzen große Unternehmen i.d.R. ein Risikomanagement. Es ist der Versuch, die das Unternehmen betreffenden Risiken zu identifizieren und ihnen ggf. durch entsprechende Maßnahmen entgegenzuwirken. Der Mehrwert eines solchen Risikomanagements ist den meisten Mittelständlern entweder nicht bewusst oder das Kosten-Nutzen-Verhältnis wird nicht richtig eingeschätzt.

Marktpreisrisiken sind ein elementarer Bestandteil potenzieller unternehmerischer Gefahren. Selbst unter der Annahme, dass einzelne KMU, beispielsweise in der Dienstleistungsbranche, weder Berührungspunkte mit unterschiedlichen Währungen noch mit Rohstoffen haben, ist auch für sie die Gefahr von sich ändernden Zinssätzen vorhanden. Zinsen haben Einfluss auf die Finanzierungen oder Kapitalanlagen von Unternehmen. Eine direkte Verknüpfung mit Schwankungen von Marktpreisen von Währungen oder Rohstoffen hingegen haben die Branchen Industrie und Handel. Das Beispiel der Banken- und Finanzkrise zeigt, dass Auswirkungen von Schwankungen von Marktpreisen ihren Ursprung in der Globalisierung haben können, fernab der mittelbaren oder unmittelbaren Umgebung der Unternehmen. Sie sind von einzelnen Unternehmen nicht beeinflussbar. Der adäquate Umgang mit ihnen hingegen liegt bei der Unternehmensführung. Dieses Risikomanagement zu steuern, zu operationalisieren und aktiv zu gestalten, führt zu Wettbewerbsvorteilen.

1.2 Aufbau und Konzept der Studie

Diese Studie analysiert die Notwendigkeit von Risikomanagement aufgrund externer Risiken bei kleinen und mittelständischen Unternehmen der Industrie-, Handels- und Dienstleistungsbranche. Dabei werden die externen Risiken auf Marktpreisrisiken von Zinsen, Währungen und Rohstoffen beschränkt. Sie werden in Kapitel 3 nach einer Definition von KMU in Kapitel 2 definiert und vorgestellt. Weiterer Inhalt von Kapitel 3 ist eine eingehende und intensive Betrachtung des Risikobegriffs im Allgemeinen. Dabei steht die Abgrenzung zwischen der wirtschaftswissenschaftlichen und der unternehmerischen Bedeutung im Vordergrund. Aufbauend auf den Grundlagen und gesetzlichen Regelungen, folgen in Kapitel 4 eine detaillierte Analyse über die Aufgaben von Risikomanagement und ein Exkurs über die Integration in Unternehmen. Dieses Kapitel bildet den Kern der Studie. Der Prozess des Risikomanagements wird in die einzelnen Schritte der Identifikation, Bewertung, Steuerung, Kontrolle und Schadensbewältigung zerlegt und ausführlich erläutert. Hervorgehoben werden insbesondere die umfangreichen Möglichkeiten, Marktpreisrisiken mit Hilfe von Termingeschäften aktiv zu steuern. Den Abschluss des Hauptteils bilden in Kapitel 5 die Einflussfaktoren auf die Einführung eines Risikomanagements. Beispiele von Absicherungsgeschäften durch Termingeschäfte stehen ebenso wie der Einfluss der Unternehmenspolitik von kleinen und mittelständischen Unternehmen im Vordergrund. Die Studie schließt mit einer Zusammenfassung und einem Fazit.

2. Kleine und mittelständische Unternehmen

Politische Parteien, Gewerkschaften, Arbeitgeberverbände und ähnliche Organisationen sind eng mit dem Begriff KMU verknüpft. Es existieren unterschiedlichste Meinungen, Forderungen und Interessen. In einem Punkt herrscht jedoch Einigkeit. Der Mittelstand gilt als „Rückgrat der deutschen Wirtschaft“[3] oder auch als „Motor für Wirtschaft und Beschäftigung“[4].
Ziel dieses Kapitels ist es, kleine und mittelständische Unternehmen zu charakterisieren, um deren ökonomische Bedeutung für die deutsche Volkswirtschaft nachvollziehen zu können. Einer Definition nach qualitativen und quantitativen Aspekten folgt eine kurze Zusammenfassung über die Bedeutung von KMU in Deutschland. Schließlich wird kurz der Ansatz des deutschen Mittelstands, eine Basis außerhalb Deutschlands zu schaffen, aufgegriffen. Auf diesem Weg wird durch den Stellenwert von KMU die Frage nach der Notwendigkeit von Risikomanagement auch volkswirtschaftlich legitimiert.

2.1. Definition kleiner und mittelständischer Unternehmen

Der Frage, wie der Begriff „Unternehmen“ zu definieren ist, ist u.a. die Europäische Kommission nachgegangen. In einer offiziellen Veröffentlichung heißt es, als Unternehmen „gilt jede Einheit, unabhängig von ihrer Rechtsform, die eine wirtschaftliche Tätigkeit ausübt“[5].
Eine allgemeingültige und in Fachkreisen anerkannte Begriffsbestimmung von KMU und somit eine Abgrenzung der großen Unternehmen bzw. sogar Konzerne zum sogenannten Mittelstand existiert nicht. Diese Tatsache findet ihre Begründung vor allem in zu vielen harten und insbesondere weichen Kriterien, die einem Unternehmen als Ganzes zugeordnet werden können. So lassen z.B. abweichende branchen- und regionsübergreifende Verteilungen oder große Heterogenität der KMU eine Definition nicht zu.[6] Es ist nicht möglich, aus einer Vielzahl unterschiedlicher Faktoren wie der Anzahl der Mitarbeiter, der Zusammenstellung der Führungsebene, der zugehörigen Branche oder auch der Eigentümerstruktur eine einzig richtige Definition von KMU zu bestimmen. Folglich ist der Literatur auch keine einheitliche Sprachregelung zu entnehmen. Es wurde dazu übergegangen, quantitative und qualitative Wesensmerkmale festzulegen und aufzuzeigen, um auf diesem Weg KMU und große Unternehmen zu definieren bzw. abzugrenzen. Auf diesen Konsens konnte sowohl in der Theorie als auch in der Praxis Einigung erzielt werden. Die beiden folgenden Kapitel nehmen sich der Abgrenzung detailliert an.

---

[3] Vgl. SCHERER (2003), S. 144.
[4] Vgl. SCHERER (2003), S. 144.
[5] Vgl. EU (2003a).
[6] Vgl. GRUHLER (1994), S. 19.

2.1.1. Qualitative Abgrenzung

Die qualitative Abgrenzung mittelständischer Betriebe von großen Unternehmen bedarf der Betrachtung einer Menge Aspekte, die nicht eindeutig operationalisierbar sind. Als wichtigstes Kriterium hat sich in der Literatur der Zusammenhang zwischen Eigentum und Leitung des Unternehmens durchgesetzt. Eine Vernetzung der Unternehmensleitung und des Tragens wirtschaftlicher Risiken ist unabdingbar. Das Unternehmen ist bei KMU Eigentum des jeweiligen Unternehmers (oder seiner Familie bzw. eines Partners). Er führt und trägt in nahezu allen Belangen, insbesondere auf wirtschaftlicher Ebene, die Verantwortung für sein Unternehmen[7], welches meistens in einer persönlich haftenden Rechtsform geführt wird.[8] Der Weg, der Gesellschaft Eigenkapital über den Kapitalmarkt zukommen zu lassen, bleibt verwehrt. Dies zieht allerdings keinen Ausschluss von Kapitalgesellschaften als Abgrenzungskriterium nach sich, denn auch eine GmbH kann als KMU gelten, sofern der Unternehmer der Komplementär ist. Als weitere Abgrenzungsmerkmale gelten u.a. in einzelnen Branchen die Beschränkung auf wenige Produkte oder Dienstleistungen. Aufgrund ihrer Größe können Mittelständler nicht durch Massenfertigung im Stil eines großen Konzerns aufwarten. Häufig agieren sie in einem sehr kleinen Markt, welcher sie wirtschaftlich höchst anfällig machen kann.[9] Allerdings bieten sich durch kleine Marktnischen, denen sich diese Unternehmen deutlich besser und schneller anpassen können, auch große Chancen. Schnelligkeit und Flexibilität sind insbesondere im produzierenden Gewerbe sowie im Bereich unterschiedlicher Technologien von großem Vorteil.[10] So kommt es vor, dass kleine und mittelständische Unternehmen auf ihrem Gebiet Weltmarktführer sind. Des Weiteren besteht eine qualitative Abgrenzung in einer sehr flachen Organisationsstruktur. Es existieren nur sehr wenige und überschaubare Hierarchieebenen, die es dem Unternehmer verhältnismäßig leicht machen, den notwendigen Überblick zu wahren.[11]

Die genannten Eigenschaften sind die wesentlichen, die in der einschlägigen Literatur auffindbar sind.[12] Sie versuchen, den deutschen Mittelstand auf qualitativer Ebene definitorisch zu erfassen. Jede für sich ist wichtig, doch eine vollständige Ansammlung ist nicht zwingend notwendig. Es gilt, eine Ansammlung möglichst vieler Eigenschaften aufzufinden. Dennoch bleibt festzustellen, dass eine genaue Begriffsbestimmung von KMU unmöglich ist. Die Fragen, wie viele und welche Kriterien bei einem Unternehmen vorhanden sein müssen, um aus qualitativer Sicht ein kleines und mittelständisches Unternehmen zu sein, werden in der Literatur nicht eindeutig beantwortet.

---

[7] Vgl. NAUJOKS (1975), S. 22.
[8] Vgl. STEPHAN (2002), S. 8.
[9] Vgl. FUEGLISTALLER et al. (2004).
[10] BMWi (2009), S. 20.
[11] Vgl. STEPHAN (2002), S.8.
[12] Ein sehr umfangreich zusammengetragener Katalog qualitativer Abgrenzungskriterien ist der Aufsatzsammlung von PFOHL (2006) zu entnehmen.

2.1.2. Quantitative Abgrenzung

Neben dem qualitativen Grundlagenkatalog hat sich in den letzten Jahren ein deutlich einfacheres Modell zur quantitativen Abgrenzung kleiner und mittelständischer von großen Unternehmen etabliert. National haben sich die Kriterien des Instituts für Mittelstandsforschung (IfM) durchgesetzt, die allesamt dem jeweiligen Jahresabschluss zu entnehmen sind. Per Definition gelten somit alle Unternehmen mit einer Beschäftigtenzahl von bis zu 9 und einem Umsatz von bis zu 1 Million Euro p.a. als klein sowie mit einer Beschäftigtenzahl von 10 bis 499 und einem Umsatz von 1 bis zu 50 Millionen Euro p.a. als mittelgroß. Erst wenn diese Kriterien nicht mehr gelten, handelt es sich gemäß des IfM um große Unternehmen, die dem KMU nicht mehr angehören (s. Tabelle 1).[13]

Unternehmensgröße	Zahl der Beschäftigten	Umsatz € / Jahr
klein	bis 9	bis max. 1 Million
mittel	10 bis 499	ab 1 bis zu 50 Millionen
KMU	bis 499	bis zu 50 Millionen
groß	ab 500	ab 50 Millionen

Tabelle 1: KMU-Definition des IfM Bonn (seit 01.01.2002).

[Quelle: Eigene Darstellung, in (enger) Anlehnung an das IfM in Bonn, 2002.].

Auf europäischer Ebene gelten genauer definierte Eingrenzungen als es das IfM auf nationaler Ebene vornimmt. Die dort geltenden Grenzen sind durch die Europäische Kommission vorgegeben, deren Kriterienkatalog über die Zahl der Beschäftigten und den Jahresumsatz hinaus geht. Hinzu kommt die jährliche Bilanzsumme. So gilt ein Unternehmen als klein und mittelständisch, wenn es maximal 249 Mitarbeiter beschäftigt und zugleich entweder einen Jahresumsatz von höchstens 50 Millionen Euro erzielt oder sich die Jahresbilanzsumme auf maximal 43 Millionen Euro beläuft. Darüber hinaus unterscheidet die Kommission noch zwischen Kleinst- und Kleinunternehmen[14] (s. Tabelle 2).

Unternehmensgröße	Zahl der Beschäftigten	und	Umsatz € / Jahr	oder	Bilanzsumme € / Jahr
Kleinstunternehmen	bis 9		bis 2 Millionen		bis 2 Millionen
Kleinunternehmen	bis 49		bis 10 Millionen		bis 10 Millionen
KMU	bis 249		bis 50 Millionen		bis 43 Millionen

Tabelle 2: KMU-Definition der EU (seit 01.01.2005).

[Quelle: Eigene Darstellung, in Anlehnung an die Europäische Kommission, 2005.].

---

[13] Vgl. Institut für Mittelstandsforschung in Bonn unter http://www.ifm-bonn.org/index.php?id=89 (Stand: 24.02.2010).

[14] Vgl. EU (2003a), S. 32 ff.

Neben den vorgestellten Bandbreiten gilt auf europäischer Ebene ein weiteres Kriterium. Um als klein und mittelständisch gelten zu können, muss ein Unternehmen eigenständig sein. Das bedeutet, dass nur weniger als 25% der Stimmrechte oder des Eigenkapitals an anderen Unternehmen gehalten werden dürfen. Zugleich darf die Vergabe des Eigenkapital- oder Stimmrechtsanteils des eigenen Unternehmens an andere ebenfalls nicht 25% erreichen oder überschreiten.

Der Grund unterschiedlicher Definitionen sind unterschiedliche Ansätze beider Institutionen. Das IfM in Bonn dient in erster Linie der Forschung. Die Aufgaben dort bestehen aus dem Sammeln von Zahlen und Fakten, welche statistisch aufbereitet und veröffentlicht werden. Auf diesem Wege sind z.B. aktuelle Entwicklungen und Probleme des Mittelstands erkennbar. Die Europäische Kommission hingegen setzt ihre Bestimmungskriterien überwiegend ein, um eine Vergleichbarkeit aller Unternehmen zu schaffen und um danach z.B. ihre Fördermittel und staatlichen Beihilfen angemessen und gerecht verteilen zu können. Der Schwerpunkt dieses Buches liegt auf den kleinen und mittelständischen Unternehmen in Deutschland. Daher wird im Folgenden ausschließlich Bezug auf den deutschen Mittelstand und die Zahlen des IfM genommen.

2.2. Volkswirtschaftliche Bedeutung der KMU für Deutschland

Um die wirtschaftliche Bedeutung der KMU insbesondere auf nationaler Ebene im Vergleich zu großen Unternehmen zu verdeutlichen, werden an dieser Stelle einige Schlüsselzahlen angeführt. Diese Zahlen belegen, dass keineswegs ausschließlich die großen Unternehmen und Konzerne aus den wichtigen Indices wie dem DAX[15] oder dem MDAX[16] die Wirtschaft entscheidend prägen. Diese Suggestion wird durch die Medienlandschaft erweckt. Sobald Pressemitteilungen veröffentlich werden, stehen diese zumeist in direktem Bezug zu großen und sehr großen Unternehmen. Die Belange vieler tausend Mitarbeiter eines einzelnen Konzerns können von der Öffentlichkeit leichter nachvollzogen werden als die Belange einiger weniger Angestellter hunderter Mittelstandsunternehmen. So kommt beispielsweise der Veröffentlichung von Jahresbilanzen oder Quartalszahlen großer Aktiengesellschaften besonderes Interesse zuteil. Ähnliches ist bei KMU eher selten. Sie verschwinden zumeist in der Masse vieler kleiner Unternehmen. Sie stehen als Individuum nicht im Mittelpunkt und genießen überregional deutlich weniger Aufmerksamkeit. Ein wesentlicher Grund, den Aktiengesellschaften größere Aufmerksamkeit zu widmen, liegt nahe. Ihr Eigenkapital ist zumindest zu einem Teil an der Börse handelbar. Jede Information wird genutzt, um sie zum eigenen Interesse zu nutzen und dementsprechend an der Börse zu agieren.

---

[15] DAX steht für „Deutscher Aktienindex“ und repräsentiert die 30 nach Marktkapitalisierung und Börsenumsatz errechneten größten Aktiengesellschaften Deutschlands.
[16] MDAX (abgeleitet von Mid-Cap-DAX) repräsentiert die nach dem DAX folgenden 50 nach Marktkapitalisierung und Börsenumsatz errechneten größten Aktiengesellschaften Deutschlands.

Die tabellarisch dargestellten Rahmendaten zeigen, welchen Stellenwert der Mittelstand als Gesamtheit in Deutschland dennoch besitzt[17] (s. Tabelle 3)[18] [19].

	Insgesamt	davon KMU	KMU-Anteil
Unternehmensbestand [1]	3,63 Mio.	3,62 Mio.	99,7%
Umsätze [2]	5.148 Mrd.	1.932 Mrd.	37,5%
Beschäftigte [1]	30,01 Mio.	21,15 Mio.	70,5%
Auszubildende [1]	1,74 Mio.	1,45 Mio.	83,1%
Nettowertschöpfung[20] der Unternehmen [2]			47,3%

Tabelle 3: Wirtschaftl.Schlüsselzahlen für 2007/2008 der KMU in Deutschland.
[Quelle: Eigene Darstellung, in (enger Anlehnung) an das IfM in Bonn, 2008.].

Diese Zahlen zeigen exemplarisch, dass der deutsche Mittelstand im gesamtwirtschaftlichen Kontext einen erheblichen Beitrag leistet. Ein zusätzliches Indiz dieser Bedeutsamkeit spiegelt sich durch regelmäßige Verbesserung aktueller Rahmenbedingungen oder vielseitiger Förderprogramme seitens der Bundesregierung wider.[21]

2.3 Internationalisierung von KMU

Unternehmen setzen auf Internationalisierung, um sich Veränderungen an Markt- und Kostenstrukturen anzupassen. Vorerst in europäischen Industrieländern und den USA, werden vermehrt auch Entwicklungs- und Reformländer genutzt. Die traditionelle Form von Internationalisierung ist der Export. In den letzten Jahrzehnten schritt die Internationalisierung von Unternehmen voran. Die Möglichkeiten sind vielfältiger und werden von KMU entsprechend genutzt, wie eine Studie 19 europäischer Länder aus dem Jahr 2003 zeigt.[22] So nutzen 30% die Zusammenarbeit mit ausländischen Zulieferern. Der Export steht mit 18% an zweiter Stelle. Es folgen sowohl Kooperationen mit ausländischen KMU bzw. Tochtergesellschaften, Zweigniederlassungen oder Joint Ventures mit je 3%. Zudem ist eine stärkere Internationalisierung bei mittelgroßen sowie bei kleinen Unternehmen feststellbar. Als ein Fazit der Studie wird der Drang der KMU zu weiteren Maßnahmen – z.B. Unternehmen internationaler aufzustellen - hervorgehoben. Ausländische Märkte erweitern die Möglichkeiten der Geschäftstätigkeit, vergrößern zugleich jedoch auch die daraus entstehenden Risiken (s. Kapitel. 3.2.3).

---

[17] Vgl. Institut für Mittelstandsforschung in Bonn unter http://www.ifm-bonn.org/index.php?id=99.
[18] Die Zahlen der Tabelle 3 entsprechen den folgenden Jahren: [1]=2008; [2]=2007.
[19] Der Anteil der KMU an der „Nettowertschöpfung der Unternehmen" ist ein Schätzwert des IfM auf Grundlage der Umsatzsteuerstatistik.
[20] Der Begriff „Nettowertschöpfung" wird u.a. erklärt in PUHANI (2003), S. 16 ff. oder HARDES/UHLY (2007), S. 277 ff.
[21] BMWi (2009), S. 49.
[22] Vgl. EU (2003b), S. 14.

3. Risiken

Nachdem die Bedeutung kleiner und mittelständischer Unternehmen auf volkswirtschaftlicher Ebene aufgezeigt wurde, widmet sich dieses Kapitel des Risikobegriffs. Einer wirtschaftswissenschaftlichen Begriffsklärung folgt eine Abgrenzung interner gegenüber externer Risiken. Letztere werden in die Marktpreisrisiken der Währungen, Rohstoffe und Zinsen unterteilt und spezifiziert.

Herauszustellen ist an dieser Stelle, dass dem Themengebiet finanzwirtschaftlicher Risiken bzw. dessen Management nur den Unternehmen des Dienstleistungs-, Handels- und Industriesektors nachgegangen wird. Finanzdienstleistungsgesellschaften wie Banken oder Versicherungen werden, sofern nicht ausdrücklich herausgestellt, nicht berücksichtigt. Sie sind daher im weiteren Verlauf kein Bestandteil dieser Studie. Der Umgang mit finanziellen Risiken aller Art gehört für sie zum originären Kerngeschäft und unterscheidet sich daher wesentlich von Dienstleistungs-, Handels- und Industrieunternehmen.

3.1. Wirtschaftswissenschaftlicher Risikobegriff

Wirtschaftswissenschaftlich hat der Risikobegriff trotz vielfacher Versuche in der allgemein anerkannten Literatur keine ihm gerecht werdende Definition erhalten können. Unterschiedliche Ausarbeitungen mit abweichenden Ansätzen lassen eine Allgemeingültigkeit nicht zu. Einen umfassenden Ansatz, den Begriff Risiko einzugrenzen, erarbeitete BRAUN (1984).[23] Diese Eingrenzung wird dieser Studie als Grundlage dienen. Wird somit im Weiteren der Begriff Risiko betrachtet, ist sein Ansatz zugrunde gelegt. Der Ursprung dieser Eingrenzung besteht aus zwei verschiedenen Blickwinkeln, die jeweils als Erklärungsansatz unterschiedlicher Autorengruppen dienen. Beide hat BRAUN miteinander verknüpft und auf eigene Art interpretiert. Die folgenden Abschnitte beschreiben die jeweiligen Ansätze und fügen sie anschließend in die für BRAUN geltende Theorie zusammen.

3.1.1. Erklärungsansatz aus Sicht der Ökonomie

Der ökonomische Ansatz veranschaulicht die Zukunftsbezogenheit jedweder Planung unternehmerischen Handelns. Entscheidungen zeigen demnach ihre Wirkung erst in der Zukunft. Sie unterliegen zum Zeitpunkt der Entscheidungsfindung immer einem Informationsdefizit weil eine eindeutige Vorhersage des jeweiligen Ausgangs der Entscheidung nicht möglich ist. Eine sichere Planung ist somit ausgeschlossen. Dieser Umstand gilt vielen Autoren als Ursache aller Risiken.[24]

---

[23] Vgl. BRAUN (1984), S. 22 ff.
[24] Vgl. WITTMANN (1959), S. 55.; BRAUN (1979), S. 5.

Darüber hinaus wird der ökonomische Ansatz durch zwei andersartige Interpretationen des Begriffs Risiko vervollständigt. Das sogenannte reine Risiko beinhaltet ausschließlich die Gefahr, gesetzte Ziele nicht erreichen zu können bzw. erreicht zu haben[25] oder unsicherer Ereignisse in Verbindung mit der Frage nach potenziellem Schaden.[26] Die mögliche Zielverfehlung ist ausschließlich negativer Art. Ergo existieren nur zwei potenzielle Ergebnisse: Entweder tritt ein Schaden ein oder nicht. Dieses reine Risiko wird als eingleisig bzw. asymmetrisch bezeichnet.[27] Die zweite Interpretation ist das zweigleisige bzw. symmetrische Risiko.[28] Es umfasst neben den negativen Risiken auch positive bzw. günstige Zielverfehlungen. Es stehen sich Ertragschancen und Verlustgefahren gegenüber. Eine Ungewissheit liegt vor, die unter wirtschaftlichen Gesichtspunkten letztlich auf Gewinn oder Verlust hinausläuft[29] (s. Abbildung 1). Eine Verfehlung gesetzter Ziele haben theoretisch somit beide Interpretationen gemein. Eine inhaltliche Übereinstimmung beider Risikodefinitionen ist erkennbar.[30] Unterschieden werden sie nur durch gesetzte Zielvorgaben des Entscheidungsträgers. Nur durch eine Zielvorgabe bzw. einen Plan ist ex post erfassbar, ob es zu einer positiven oder negativen Zielverfehlung kam.

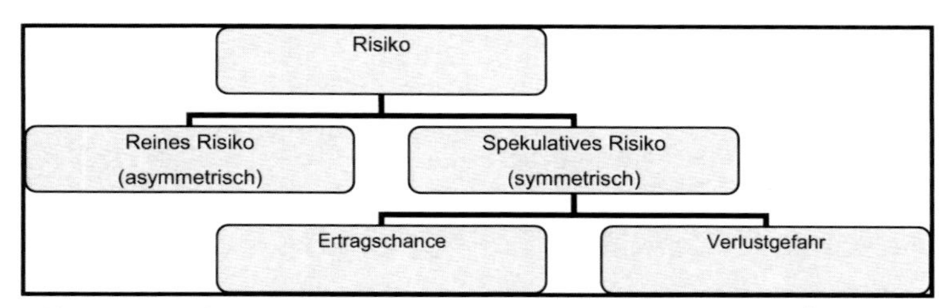

Abbildung 1: Systematisierung des Risikobegriffs aus Sicht der Ökonomie.

[Quelle: Eigene Darstellung].

3.1.2. Erklärungsansatz aus Sicht des Informationsstands

Dieser Ansatz greift den Informationsstand zum Zeitpunkt der Entscheidungssituationen auf. Risiko wird als „messbare Ungewissheit“[31] umschrieben. Zum Zeitpunkt der Entscheidungssituation befindet sich das Risiko innerhalb eines Wahrscheinlichkeitsbereichs, welcher sämtliche potenzielle Risiken abdeckt. Dieser Bereich umfasst drei Informationszustände, die jede

[25] Vgl. HAHN (1987), S. 137 ff.
[26] Vgl. SCHNORRENBERG (1997), S. 6.
[27] Vgl. FIEGE (2005), S. 46 f.
[28] Vgl. FIEGE (2005), S. 46 f.
[29] Vgl. BURGER/BUCHHART (2002), S. 4.
[30] Vgl. BRAUN (1984), S. 23.
[31] Vgl. BRAUN (1984), S. 24.

Entscheidung beeinflussen.[32] Die verantwortliche Person hat drei unterschiedliche Ausgänge seiner Entscheidung vor Augen. Der erste dieser Zustände gewährleistet unzweifelhafte Sicherheit über den Ausgang der Entscheidung. Die stochastische Wahrscheinlichkeit für das Ereignis ist 1. Somit ist das Ergebnis unbestreitbar. Der zweite Zustand determiniert eine bekannte Unsicherheit. Sie kann sowohl subjektiv als auch objektiv sein. Es existieren entweder „mehr oder weniger sichere Vorstellungen über das Eintreten mehrerer möglicher Ereignisse und deren Folgen“[33] oder es liegt eine feste Wahrscheinlichkeit zugrunde.[34] Als dritter Zustand unterliegt die Entscheidung einer vollkommenden Ungewissheit. Es kann keinerlei Aussage über ein Ergebnis getroffen werden.[35] Dieser Erklärungsansatz definiert Risiken somit als „eine Unsicherheitssituation .., für die Wahrscheinlichkeitswerte [nur] geschätzt werden können“[36].

3.1.3. Umfassender Erklärungsansatz des Risikobegriffs

Der Ansatz BRAUNs, den Begriff Risiko zu definieren, beschränkt sich auf eine Eingrenzung des Begriffs durch die Verknüpfung der Ansätze aus den Kapiteln 3.1.1. und 3.1.2.. Einerseits gibt es die ursachenbezogene Komponente, der ein Informationszustand zugrunde liegt. Dieser Zustand beschreibt das Risiko gegenwartsbezogen innerhalb eines dreifach abgestuften Risikobereichs. Andererseits gibt es die wirkungsbezogene Komponente, die durch ein symmetrisches Risikoprofil sowohl eine positive als auch eine negative Zielverfehlung zulässt. Sie bildet neben Risiken auch potenzielle Chancen ab.[37] BRAUN zieht das symmetrische Risikoprofil dem asymmetrischen vor. Seiner Meinung nach zielen unternehmerische Entscheidungen nicht nur auf die Eindämmung von Risiken ab. Allerdings ist die Frage nach einer Chance oder einem Risiko abhängig von einer subjektiven Zielsetzung. Erst ein gesetztes Ziel kann sowohl positiv als auch negativ verfehlt werden. Darüber hinaus sind gegenwärtige oder zukünftige Risiken nicht zwangsläufig mit Entscheidungsprozessen verknüpft. Risikomanagement ist nicht abhängig von Entscheidungssituationen.[38]

3.2. Unternehmerische Risikobegriff

In der Betriebswirtschaft „stellen alle Gefahren und Unsicherheitsfaktoren, die [...] den wirtschaftlichen Erfolg gefährden, Wagnisse bzw. Risiken dar“[39] und sind in der Lage, die unternehmerische Wertschöpfung zu verhindern.[40] Diese Gesamtrisiken basieren auf unterschiedlichen Quellen, den Risikoarten, welche häufig nur schwer genau zu identifizieren und nur

---

[32] Vgl. KNIGHT (1921), S.19ff.
[33] Vgl. BRAUN (1984), S. 25.
[34] Vgl. PFOHL (1977), S. 23 ff.
[35] Vgl. BRAUN (1984), S. 26.
[36] Vgl. BRAUN (1984), S. 24.
[37] Vgl. BRAUN (1984), S. 27.
[38] Vgl. BRAUN (1984), S. 25.
[39] Vgl. STIEFL (2005), S. 160.
[40] Vgl. BURGER/BUCHHART (2002), S. 9.

bedingt voneinander trennbar sind. Ihre Gründe sind in den meisten Fällen internen oder externen Ursprungs, allerdings sind auch Ursachen möglich, die nicht unmittelbar zugeordnet werden können. Eine Optimierung des Gesamtrisikos des Unternehmens ist nur durch eine Minimierung aller vorhandenen Risikoarten möglich. Im nachstehenden Abschnitt werden die Unternehmensrisiken analysiert und deren Einzelrisiken vorgestellt bzw. systematisiert (s. auch Abbildung 2).

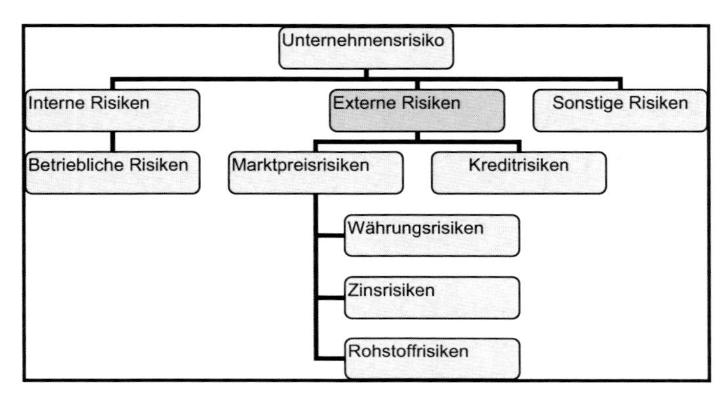

Abbildung 2: Zusammensetzung des unternehmerischen Risikos.
[Quelle: Eigene Darstellung, in Anlehnung an GEBHARDT/MANSCH (2001), S. 23.].

3.2.1. Interne Unternehmensrisiken

Interne Unternehmensrisiken entstehen durch operative Entscheidungen und Maßnahmen des Unternehmers. Sie werden den „Betriebliche Risiken" (s. Anlage 3) zugeordnet.[41] In Industrie-, Dienstleistungs- und Handelsunternehmen betreffen sie primär den Bereich der Realwirtschaft.[42] Sie umfassen im Wesentlichen folgende Bereiche:

- die Leistungserstellung, wie z.B. die technische Einrichtung der Betriebsanlagen, die Funktionalität der EDV, die Qualität der Produkte oder die Liefertreue
- das Unternehmensmanagement, wie z.B. die Kommunikations- und Berichtswege oder die Motivation, Qualifikation und Fluktuation der Mitarbeiter
- die Finanzwirtschaft, wie z.B. Margenreduktion durch Wettbewerbsdruck, Finanzierungsmaßnahmen und eine rationale Kapitalausstattung.[43]

[41] Vgl. GEBHARDT/MANSCH (2001), S. 24 ff.
[42] Vgl. GEBHARDT/MANSCH (2001), S. 25.
[43] Vgl. ERDMANN (2006), S. 55.

3.2.2. Sonstige Unternehmensrisiken

Die sonstigen Risiken (s. Anlage 1) sind maßgeblich geprägt durch juristische Risiken und durch Länderrisiken. Durch Gesetzesänderungen mit Bedeutung auf rückwirkende, bereits bestehende Verträge, entsteht beispielsweise nachträglich entsprechender Handlungsbedarf. Im Mittelpunkt der rechtlichen Risiken stehen das Arbeitsrecht und das Produkthaftungsrecht.[44] Länderrisiken umfassen politische Risiken, die für staatliche Änderungen und Maßnahmen jeder Art stehen sowie wirtschaftliche Risiken in Verbindung mit dem Ausland gleichermaßen. Wirtschaftliche Veränderungen im Ausland beeinflussen nahezu alle Unternehmensbereiche. Sie stehen in Zeiten der Globalisierung mehr denn je im Mittelpunkt. Mögliche Gefahren birgt neben der Abhängigkeit von Abnehmern im Ausland beispielsweise die Abhängigkeit von der Einfuhr von Rohstoffen.[45] Weitere sonstige Risiken sind Reputationsrisiken. Reputation ist vor allem in einem engen Markt mit viel Wettbewerb und großem Konkurrenzdruck ein wichtiger Faktor. Zahlungsrückstände, mangelnde Qualität oder Unpünktlichkeit können zum Verlust von Kunden führen.

3.2.3. Externe Unternehmensrisiken

Externe Unternehmensrisiken liegen im Allgemeinen nicht im Einflussbereich der Unternehmen. Sowohl Zeitpunkt als auch Stärke ihres Auftretens sind dynamisch. Sie bestehen aus Umwelteinflüssen und Rahmenbedingungen wie Wirtschaftspolitik, Wettbewerb oder Konjunktur.[46] Die Literatur unterscheidet die Kredit- und die Marktpreisrisiken (s. Abbildung 2).[47] Kreditrisiken (s. Anlage 2) treten bei Schuldverhältnissen in Form von vollständigen oder teilweisen Ausfällen von Forderungen oder verspäteten Zahlungseingängen auf. Forderungsausfälle finden Berücksichtigung im eigenen Unternehmensrating. Abschreibungen von uneinbringlichen Forderungen beeinträchtigen auf diesem Weg zukünftige Finanzierungen am Kredit- oder z.B. Anleihemarkt.[48] Abschließend entstehen aus Geschäften mit Inhaberschuldverschreibungen wie Optionsscheinen oder Zertifikaten Emittentenrisiken. Sie spiegeln eine mögliche Zahlungsunfähigkeit des Emittenten dieser Wertpapiere am Ende der Laufzeit wider.

Im Mittelpunkt dieser Ausarbeitung stehen Marktpreisrisiken. Sie sind in der Literatur im Wesentlichen unterteilt in Währungs-, Zins- und Rohstoffrisiken. Währungsrisiken spiegeln die Risiken von Devisenkursveränderungen bei Zahlungstransaktionen wider. Die Preisrisiken bei Rohstoffen umfassen die Schwankungen bei Grundstoffen wie Gold, Öl etc. Die Zinsrisiken stehen für die Auswirkungen von Zinsveränderungen auf die Finanzsituation eines Un-

---

[44] Vgl. GEBHARDT/MANSCH (2001), S. 24 f.
[45] Vgl. GEBHARDT/MANSCH (2001), S. 24 f.
[46] Vgl. ERDMANN (2006), S. 55.
[47] Vgl. SPINDLER (2005); GEBHARDT/MANSCH (2001), S. 23 ff.; OEHLER/UNSER (2001), S. 14 f.
[48] Vgl. GEBHARDT/MANSCH (2001), S. 24-25.

ternehmens. Ausgeklammert werden die Aktienkurs- und Immobilienpreisrisiken. Beide sind in der wirtschaftswissenschaftlichen Literatur zwar aufzufinden, spielen in der Industrie-, Handels- und Dienstleistungsbranche allerdings nur eine untergeordnete Rolle, weil das Risikoprofil beider Risiken überwiegend ihr Vermögensanlagerisiko widerspiegelt. Kleine und mittelständische Unternehmen dieser Branchen nutzen reine Vermögensanlagen eher selten. Sie nutzen ihre finanziellen Mittel eher operativ.

Eine Auseinandersetzung mit den Risiken von Marktpreisen bedingt eine Definition des Begriffs Marktpreis. Dieser steht in der Wert- und Preislehre von SMITH[49] als Ergebnis von Angebot und Nachfrage nach einem Gut. Er schwankt durch die natürlichen Änderungen von Angebot und Nachfrage.[50] Die Risiken von Marktpreisen liegen demnach in ihren zukünftigen Veränderungen und tragen gemäß der Theorie von BRAUN[51] zu Erfolg und Misserfolg von Unternehmen bei. Ihr heutiges Risikoprofil hat sich im Laufe der letzten Jahrzehnte maßgeblich verändert. Die fortschreitende Globalisierung seit dem Ende des Zweiten Weltkriegs ist die Grundlage der heutigen Weltwirtschaft.[52] Unzählige unübersichtliche Zusammenhänge und Interdependenzen von Nationen, Wirtschaftssystemen und finanzwirtschaftlichen Verknüpfungen an den weltweiten Börsen und Handelsmärkten sorgten und sorgen für ein äußerst komplexes und schwer durchschaubares Umfeld. Technologische Entwicklungen wie Computer, Netzwerke und E-Mail, welche sich in den 70er-Jahren des letzten Jahrhunderts etablierten, beschleunigten den technischen Fortschritt und hatten wesentlichen Anteil am globalen Wirtschaftswachstum. Dieses Wachstum ist insbesondere für ein exportstarkes Land wie Deutschland zu einer tragenden wirtschaftlichen Säule geworden. Hervorzuheben sind Sektoren des verarbeitenden Gewerbes – z.B. die Bereiche Maschinen- und Fahrzeugbau, Chemie oder Elektrotechnik. Vorleistungsimporten wie Rohstoffen folgen Verkäufe von halbfertigen oder fertigen Produkten ins Ausland.[53] Diese grenzüberschreitenden Handels- und Produktionsaktivitäten sind in letzter Konsequenz auch der Grund für die Entstehung der gegenwärtigen globalen Finanzmärkte, welche durch jahrelange Deregulierung und Liberalisierung bis heute stark expandierten.[54] Globale wirtschaftliche Aktivitäten bedingen ein globales Finanzsystem. Es schafft eine grenzüberschreitende Vernetzung jeglicher finanzieller und wirtschaftlicher Aktivität. Weltweit sind Änderungen von Wechselkursen, Zinssätzen oder Rohstoffpreisen in Bruchteilen von Sekunden abruf- und handelbar. Diesem immer unüber-

---

[49] Adam Smith (1723 – 1790) gilt als Begründer der klassischen Volkswirtschaftslehre.
[50] Vgl. STAVENHAGEN (1969), S. 55.
[51] Vgl. BRAUN (1979), S. 5 ff.
[52] Weitere Informationen zur Grundlage der Globalisierung nach dem 2. Weltkrieg, u.a. wesentlich getragen durch die Erstellung eines Weltwirtschaftssystems auf der Konferenz von Bretton Woods, u.a. mit dem Inhalt des Abbaus der Zölle im Zuge des GATT, sind nachzulesen in DEUTSCHER BUNDESTAG (2002).
[53] Vgl. HESS (2006), S. 11.
[54] Vgl. DEUTSCHER BUNDESTAG (2002), S. 52.

sichtlicher werdenden Wirtschaftssystem kann sich keiner der Akteure, auch nicht deutsche KMU aus den Bereichen Industrie, Dienstleistung und Handel, entziehen.
Mittlerweile sind es auch kaum noch reine Handelspreise, die Kursänderungen der Marktpreise hervorrufen. Heutzutage sind fast ausschließlich Spekulationsgeschäfte (s. Kapitel 3.2.3.1 und 3.2.3.2) Grundlage aller Kurse.[55] Insbesondere sie stellen jene mittelständischen Marktteilnehmer aus den Bereichen Handel, Industrie und Dienstleistung, die mit ihren Waren und Dienstleistungen nationalen und internationalen Handel betreiben, vor große Herausforderungen. Spekulationsgeschäfte gehören nicht zu ihren Kernkompetenzen. Trotzdem müssen auch sie sich der Herausforderung schwankender Marktpreise stellen und Planungsunsicherheiten für die Zukunft einkalkulieren. Im Folgenden werden die einzelnen Marktpreisrisiken allgemein vorgestellt und verdeutlicht.

3.2.3.1. Unternehmerische Währungsrisiken

International operierende Unternehmen tragen, bedingt durch den Umgang mit fremden Währungen, unterschiedliche Arten von Wechselkursrisiken. Sie werden unterteilt in translation risk, economic risk und transaction risk.

Das translation risk ist ein ausschließlich bilanzielles Risiko. Im Fall der Erstellung einer Bilanz mit integrierten Tochtergesellschaften bzw. ausländischen Unternehmenseinheiten, die in einer Fremdwährung operieren und bilanzieren, entstehen bei Konsolidierung u.U. unrealisierte Wechselkursverluste. Dieser Umstand kann zulasten des Periodengewinns führen.[56] Gleichzeitig können Wechselkursgewinne durch Erhöhung der Unternehmensgewinne einen höheren steuerlichen Aufwand und eine daraus resultierende Belastung des Cash Flows bedeuten.[57]
Economic risks, auch Operationsrisiken oder ökonomische Risiken genannt, stehen als Oberbegriff für zukünftige allgemeine wirtschaftliche Risiken bei Wechselkursveränderungen. Absatz- und Zuliefermärkte in fremder Währung können zu niedrigeren Einnahmen bzw. höheren Kosten führen. Währungsschwankungen haben großen Einfluss auf den internationalen Handel. Wertet der US-Dollar (USD) beispielsweise gegenüber dem Euro ab, können europäische Unternehmen mit einem geringeren Absatz in den Vereinigten Staaten rechnen, weil Produkte aus dem europäischen Handelsraum schon der Währung wegen für amerikanische Bürger teurer werden. Zugleich wird der Import aus den Vereinigten Staaten für europäische Bürger günstiger. Umgekehrt werden die Importe aus Europa für die Vereinigten Staaten bei einem steigenden USD zum Euro günstiger und der Absatz in Europa wird des-

[55] Vgl. SPINDLER (2005), S. 363.
[56] Vgl. LACHMANN (1981), S. 153.
[57] Vgl. SCHARRER et al. (1978), S. 50.

halb fallen. Diese Risiken haben einen ganzheitlichen Ansatz, werden nicht auf einzelne Transaktionen beschränkt. Daher sind sie latent vorhanden und schwer quantifizierbar.[58]

Das transaction risk bezieht sich auf einzelne Transaktionen (Transaktionsrisiko, Konvertierungsrisiko). Es betrifft einen geplanten, vertraglich vereinbarten oder bereits gebuchten Cash Flow. Es entsteht bei Forderungen gegenüber Kunden und Verbindlichkeiten gegenüber Lieferanten in fremder Währung. Wechselkursschwankungen werten die eigenen Aktiva ab bzw. die Passiva auf. Die Folge sind negative Auswirkungen auf die Ertragslage bzw. den Ertragsausweis. Je weiter die Fristigkeit der ungesicherten Zahlung in der Zukunft liegt, desto schwerer fällt eine Einschätzung künftiger Kursbewegungen. Folglich erhöht sich das Risiko im Zeitablauf.

Alle drei Kategorien haben das Risiko zukünftig schwankender und unvorhersehbarer Währungskurse gemein. Der Unterschied offenbart sich erst im jeweils entstehenden Effekt. Die Schwierigkeit einer Kategorie stellt sich in der Planung bzw. Darstellung der Bilanz dar. Die beiden anderen Kategorien hinterfragen das latente bzw. das transaktionsgebundene Risiko.[59]

Die drei Risikokategorien haben eine unterschiedlich große Bedeutung. Abhängig von den Größenverhältnissen kann das translation risk durch ausländische Tochtergesellschaften und Geschäftseinheiten durchaus vorhanden sein (s. Kapitel 3.3). Die Bedeutung der Transaktions- und Operationsrisiken hingegen ist ungleich höher. Sowohl grundsätzliche und dauerhafte Risiken als auch Risiken auf Einzelgeschäfte sind in der Risikobetrachtung zu bevorzugen. Unternehmen, die wenige, aber dafür sehr werthaltige Waren herstellen, sind darauf bedacht, das Transaktionsrisiko abzusichern. Unternehmen mit einem Hauptabsatz- oder Beschaffungsmarkt in einer einzelnen Fremdwährung betrachten zusätzlich das ökonomische Risiko.

Währungsrisiken nehmen bei international tätigen Unternehmen durch globale Lieferungs- und Zahlungsverflechtungen eine wichtige Stellung ein. Die wichtigste Währung als internationale Leitwährung ist der USD. Im Jahr 2005 lag der tägliche weltweite Devisenumsatz bei ca. einer Billion USD. Die Relevanz von Wechselkursen, die durch Handelsgeschäfte zustande kommen, ist dabei allerdings verschwindend klein geworden. Nur geschätzte 5% des Umsatzes waren durch Handelsgeschäfte gedeckt.[60] Finanzinvestoren wie Banken, Versicherungen oder Investmentfonds nutzen dieses Marktsegment vermehrt zu Spekulationsgeschäften. Das vermutlich berühmteste deutsche Beispiel, das die Risiken von Spekulation aufzeigt, ist das einer deutschen Bank. Im Devisenhandel spekulierte das Bankhaus Herstatt Anfang der 70er-Jahre des letzten Jahrhunderts auf eigene Rechnung zwecks Ertragssteigerung lange Zeit auf einen steigenden USD. Als dieser aufgrund der Ölkrise im Jahre 1974

---

[58] Vgl. STOCKER (2006), S. 27.
[59] Vgl. GANTENBEIN/SPREMANN (2007), S. 222 ff.
[60] Vgl. SPINDLER (2005), S. 363.

stark fiel, konnten riesige Handelsverluste nicht mehr kontrolliert werden. Es kam zur Insolvenz.[61] Exemplarisch für Planungsunsicherheiten im internationalen Devisenmarkt war die Zeit von 1992 bis 1995. In diesem Zeitraum gab es weltweit große Währungsschwankungen. Insbesondere europäische Währungen werteten mit 5% bis 10% durch Spekulationsgeschäfte stark ab, bevor es wenig später wiederum zu großen spekulativen Aufwertungen kam. Als im Frühjahr 1995 die mexikanische Finanzkrise einsetzte, gab es weltweit, u.a. im USD, der weltweiten Leitwährung, weitere Tiefstkurse. Zu dieser Zeit war es insbesondere für viele exportlastige Länder eine große Belastung, ihre Waren und Dienstleistungen an den weltweiten Handelsmärkten zu verkaufen. Erst die Einführung des Euros gab den Marktteilnehmern zumindest für den Handel im europäischen Raum Planungssicherheit.[62]

3.2.3.2. Unternehmerische Zinsrisiken

Unter Zinsrisiko versteht man die Gefahr einer nicht kalkulierten Änderung von spezifischen Zinsen bzw. des allgemeinen Marktzinsniveaus innerhalb einer Periode. Es gilt sowohl für Darlehen als auch für Anlagen, wobei die Passiva der Bilanz (passivisches Zinsrisiko) bei Unternehmen der Industrie, des Handels und der Dienstleistungen eine höhere Relevanz einnehmen. Sie spiegeln die Finanzierung des Unternehmens wider. Die Risiken der Aktiva (aktivisches Zinsrisiko) sind im Allgemeinen zu vernachlässigen. Finanzielle Anlagen werden i.d.R. nur als Liquiditätsreserve gehalten.[63] Zinsänderungsrisiken werden in unterschiedliche Arten unterteilt.

Das bilanzielle Zinsänderungsrisiko hat als Grundlage die Grundsätze ordnungsgemäßer Buchführung. Ihnen liegt nach dem Vorsichtsprinzip die Pflicht zugrunde, dass Forderungen zum niedrigsten und Verbindlichkeiten zum höchsten Wertansatz in die Bilanz aufgenommen werden. Ändern sich Zinssätze, führt das bei Finanzbeständen zu Marktwertbewegungen, die innerhalb der Laufzeit der Finanzinstrumente bilanziell erfasst werden müssen. Zinssenkungen bewirken bei Verbindlichkeiten – z.B. bei einer emittierten Anleihe - eine Kurssteigerung, die unabhängig von der Laufzeit bilanziell erfasst werden muss. Die Höhe der Verbindlichkeiten des Unternehmens nimmt zu.[64] Die Auswirkungen können sich bei zukünftigen Finanzierungen in ungünstigen Marktkonditionen widerspiegeln.

Das wirtschaftliche Zinsänderungsrisiko besteht in der Prognose zukünftiger Marktzinsen in Verbindung mit den Notwendigkeiten einer Finanzierung bzw. Anlage. Entscheidungen über variable oder feste Zinssätze und über eine kurze oder lange Laufzeit unterliegen alle der Annahme der Unternehmensleitung bzw. der zuständigen Abteilung über zukünftige Bewegungen des Zinsniveaus am Kapitalmarkt. Sie tragen somit das wirtschaftliche Risiko.[65] Das

---

[61] Detaillierte Informationen zu dieser Bankinsolvenz u.a. in PEEMÖLLER/HOFMANN (2005), S. 80.
[62] Vgl. SPINDLER (2005), S. 361.
[63] Vgl. STOCKER (2006), S. 311.
[64] Vgl. GEBHARDT/MANSCH (2001), S. 93.
[65] Vgl. DROSSE (2005), S. 86 f.

Zinsniveau wird durch die Zinsstruktur abgebildet. Die Zinsstruktur eines Unternehmens basiert auf den verschiedenen Zusammensetzungen der Zinspositionen der Aktiv- und der Passivseite. Die Zinsstrukturkurve am Kapitalmarkt verdeutlicht die zukünftige Erwartung aller Marktteilnehmer.[66] Das Zinsstrukturrisiko eines Unternehmens lässt sich unter der Annahme erklären, dass Zinsen eines langen Zeitraums höher als die Zinsen eines kurzen Zeitraums sind. Dieser Annahme liegt die normale Zinsstruktur zugrunde (s. Abbildung 3). Anlagen werden mit längerer und Finanzierungen mit kürzerer Laufzeit getätigt. Ein längerer Verzicht des Gläubigers auf das Geld, der längere Zeitraum eines möglichen Forderungsausfalls des Schuldners und der längere Dispositionszeitraum des Schuldners begründen diese Annahme. Das entgegengesetzte Szenario, also höhere Zinsen bei kürzerer Laufzeit, hat entsprechend gegenteilige Annahmen und wird als invers bezeichnet (s. Abbildung 3). In diesem Fall haben die Marktteilnehmer die Erwartung, dass die Zinsen auf lange Sicht fallen werden. Anlagen werden mit kürzerer und Finanzierungen mit langfristiger Laufzeit getätigt.

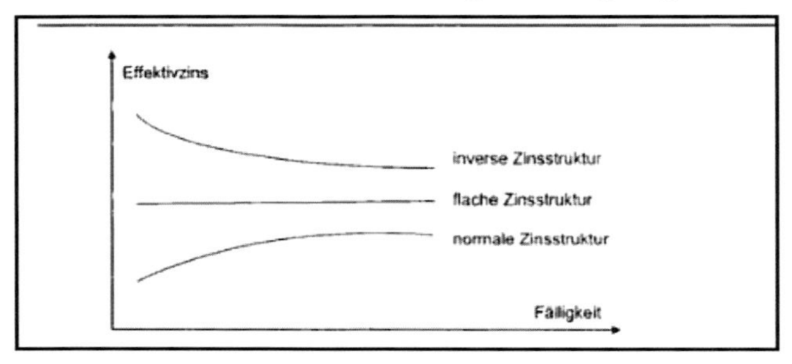

Abbildung 3: Grundformen der Zinsstrukturkurve.
[Quelle: Stauber (2008), S. 13.)].

Wirtschaftliche Risiken machen sich in finanzwirtschaftlichen Krisen bemerkbar. Unternehmen der Bereiche Industrie, Handel und Dienstleistungen stehen in diesen Zeiten vor noch größeren Herausforderungen. Der Bedarf an Fremdkapital besteht weiterhin oder wird durch den Ausfall von Forderungen noch größer. Gleichzeitig erschwert sich der Bezug von Krediten, der dominierenden Fremdkapitalquelle aller Unternehmen. Der Grund sind latent vorhandene Unsicherheiten am Kapitalmarkt, was mit einer wachsenden Vorsicht der Kreditinstitute einhergeht. Das Resultat sind Liquiditätsprobleme der Unternehmen. Sie erhalten keine neuen Kredite bzw. Folgefinanzierungen sind mit höherer Zinsbelastung versehen. Eine weitere Alternative sind Einschränkungen oder gar Kündigungen bestehender Kreditlinien.[67] Nur Unternehmen mit angemessenen Ratings haben überhaupt Chancen, neue und mit hohen Zinsen versehene Fremdfinanzierungen aller Art zu erhalten. Auch die Laufzeiten der

[66] Vgl. DROSSE (2005), S. 86 f.
[67] Vgl. KNOCH/LÜDKE (2009), S. 16 f.

Kredite werden meist verkürzt. Ein Kriterium ist, ob es sich um Bestands- oder Neukunden handelt. Während langjährige Verbindungen zwischen Unternehmen und Bank eine Vertrauensbasis mit sich bringt, entfällt dieser Aspekt bei Unternehmen, die erstmalig als potenzieller Kunde Kreditwünsche äußern. Ein anderes Kriterium ist der Zweck des Kredits. Die Investition in Betriebsmittel ist in Phasen wirtschaftlicher Schwäche i.d.R. leichter zu finanzieren als die Übernahme eines Konkurrenten. Dafür spricht die Möglichkeit, dass die Betriebsmittel auch in wirtschaftlich schwierigen Zeiten für die Aufrechterhaltung der Geschäftstätigkeit sinnvoll bzw. sogar unabdingbar sind.[68]

Fremdkapitalaufnahme gilt, insbesondere in Zeiten eines negativ behafteten wirtschaftlichen Umfelds, als schwierig. Die Emission von Anleihen oder gar ein Börsengang sind aufgrund der Größe der Unternehmen nicht sinnvoll. Die Abhängigkeit von Bankinstituten bzgl. ihrer Fremdkapitalvergabe und Zinssätze sind groß.

3.2.3.3. Unternehmerische Rohstoffrisiken

Rohstoffe werden insbesondere von Unternehmen der verarbeitenden Industrie genutzt. Sie unterliegen, wie Währungen und Zinsen auch, durch Angebot und Nachfrage Marktpreisrisiken und somit künftigen potenziellen Ertragseinbußen. Es existieren weltweit sehr viele Rohstoffe, u.a. sehr bekannte wie Edelmetalle (z.B. Gold, Silber), Brennstoffe (Öl, Gas) oder Industriemetalle (Eisen, Kupfer). In einem industriestarken und zugleich relativ rohstoffarmen Exportland wie Deutschland ist der Wirtschaftskreislauf des Imports, der anschließenden Verarbeitung zu einem Zwischen- oder Endprodukt und des darauf folgenden Exports sehr ausgeprägt.

Rohstoffe unterliegen, von Ausnahmen abgesehen, schon seit vielen Jahren und teilweise Jahrzehnten Preissteigerungen. Die Hintergründe sind vielschichtig. Viele Rohstoffe erreichen durch Ressourcenknappheit in Verbindung mit stark steigender Nachfrage insbesondere aus Ländern des asiatischen Raums immer höhere Marktpreise. Einer Studie des Instituts der deutschen Wirtschaft in Köln zufolge, wurden in Deutschland im Jahr 2004 für den Import von Rohstoffen 61,9 Mrd. Euro ausgegeben. Innerhalb von zwei Jahren kam es mit 106,6 Mrd. Euro zu einer Steigerung von 72%. Die Studie begründet diesen Effekt mit Preis- statt mit Mengensteigerungen.[69]

Eine weitere Begründung für Rohstoffrisiken liegt in der Verfügbarkeit. Es existieren geologische und politische Gefahrenquellen. Zusammen mit den Staaten Iran und Irak verfügt das Gulf Cooperation Council (GCC)[70] über 65% der Weltöl- und 34% der Weltgasreserven. Damit liegt ein sehr großer Teil der Vorkommen in als politisch instabil geltenden Ländern, die wirtschaftlich von diesen Brennstoffen abhängig sind. Zwischen 75% und 90% ihrer Staats-

---

[68] Vgl. KARKOWSKI/FRIEN (2009), S. 9 ff.
[69] Vgl. BARDT et al. (2009).
[70] "Gulf Cooperation Council" besteht aus den sechs Mitgliedsstaaten Bahrain, Kuwait, Oman, Quatar, Saudi-Arabien und den Vereinigten Emiraten.

einnahmen resultieren aus dem Export von Erdöl.[71] Grundsätzlich ist die Gefahr einer Abhängigkeit von Rohstoffexport stetig vorhanden. Exemplarisch ist an dieser Stelle die Organization of Petroleum Exporting Countries (OPEC) zu nennen, eine Organisation der Länder, die Erdölvorkommen besitzen und exportieren. Sie bestimmt seit Anfang der 60er-Jahre des letzten Jahrhunderts die Marktpreise für Erdöl, indem sie die Angebotsmenge verknappt oder ausweitet. Die Ölkrisen Anfang der 70er-Jahre des letzten Jahrhunderts entstanden aus einer solchen Angebotsverknappung. Hier lag eine Ausnutzung der Abhängigkeit von Rohstoffen bzw. deren Export vor.[72]

Eine ähnliche, teils monopolartige Machtverteilung, hat sich durch das Wirtschaftswachstum der asiatischen Staaten entwickelt. Vor allem China hat sich zu einem wichtigen Staat innerhalb der Rohstoffmärkte entwickelt und ist im Sektor der Industriemetalle marktbeherrschend. Im Jahr 2008 stellte es 40% der Weltproduktion an Rohstahl her und importierte zugleich 60% der Weltproduktion an Eisenerz.[73] Seine Marktmacht spielt China derzeit durch Exportbeschränkungen, Exportverbote oder Ausfuhrsteuern aus. Ein sehr seltenes Metall wie Yttrium ist nicht substituierbar und wird zu 99% in China produziert. Ganze Industriezweige sind von sogenannten Gewürzmetallen wie Chrom oder Platin, ebenfalls überwiegend aus China importiert, abhängig. Zwar sind die Kosten im Verhältnis zum Umsatz marginal, trotzdem sind sie elementar für den Bau werthaltiger Zukunftstechnologien wie Handys, Solarzellen oder Hybridautos. Ihr Fehlen unterbricht ganze industrielle Wertschöpfungsketten.[74] In Fällen von Abhängigkeit sind Länder oder Regionen in der Lage, Rohstoffpreise zu bestimmen bzw. zu manipulieren.

Ein weiterer Grund für Rohstoffrisiken ist der Umstand, dass viele Rohstoffe weltweit fast ausschließlich in einer Währung, dem USD, gehandelt werden. Die Wechselkursrisiken erhöhen, bedingt durch die Notwendigkeit der Konvertierung, ohnehin bereits vorhandene Rohstoffpreisrisiken. Die Sammlung risikoerhöhender Aspekte rund um den Bereich der Rohstoffe vervollständigt das steigende Interesse von Finanzinvestoren. Sie tätigen Geschäfte, die zunehmend wesentlichen Einfluss auf die Preise nehmen, zugleich jedoch das Vorkommen der jeweiligen Rohstoffe am Weltmarkt bei weitem übersteigen. Die Entwicklung vieler Rohstoffpreise nimmt spekulative Züge an. Beispiele wie das Industriemetall Kupfer (s. Abbildung 4)[75] oder das Edelmetall Palladium (s. Abbildung 5)[76] verdeutlichen wenig nachvollziehbare Preisbewegungen. So hat eine Tonne Kupfer Mitte 2008 knapp 9.000 USD gekostet, fiel innerhalb eines halben Jahres auf 3.000 USD und steht ein Jahr später bereits wieder bei 7.000 USD. Auch Palladium zeigte in der Vergangenheit starke Preissprünge

---

[71] Vgl. UMBACH (2003), S. 48.
[72] Vgl. KNEISSL (2008), 60.
[73] Vgl. HEDTSTUECK (2009), S. 8 ff.
[74] Vgl. BARDT et al. (2009).
[75] Vgl. http://www.markt-daten.de/charts/rohstoffe/kupfer.htm.
[76] Vgl. http://www.markt-daten.de/charts/rohstoffe/palladium.htm.

(z.B. von 2000 bis 2002 bzw. von Mitte 2008 bis Ende 2009). Derartige Marktbewegungen können der Industrie großen Schaden zufügen. Sie können ein Grund dafür sein, dass metallverarbeitende Unternehmen ihre Produkte aufgrund überhöhter Rohstoffpreise nicht mehr verkaufen können.[77]

Eine Vielzahl unterschiedlicher Parameter, die das Rohstoffrisiko beeinflussen, wurde vorgestellt. Sie erschweren Unternehmen mit Abhängigkeit von Rohstoffen jeder Art die Planungssicherheit. Demzufolge tragen auch sie zu einer Erhöhung des gesamten Unternehmensrisikos bei.

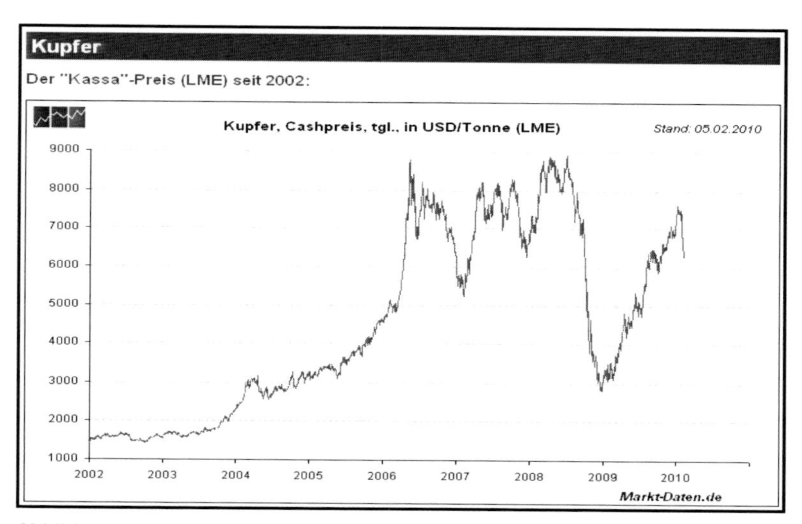

Abbildung 4: Preischart von Kupfer von 2002 bis Ende 2009.
[Quelle: entnommen aus www.Markt-Daten.de, Stand: 05.02.2010].

[77] Vgl. HEDTSTUECK (2009), S. 8-12.

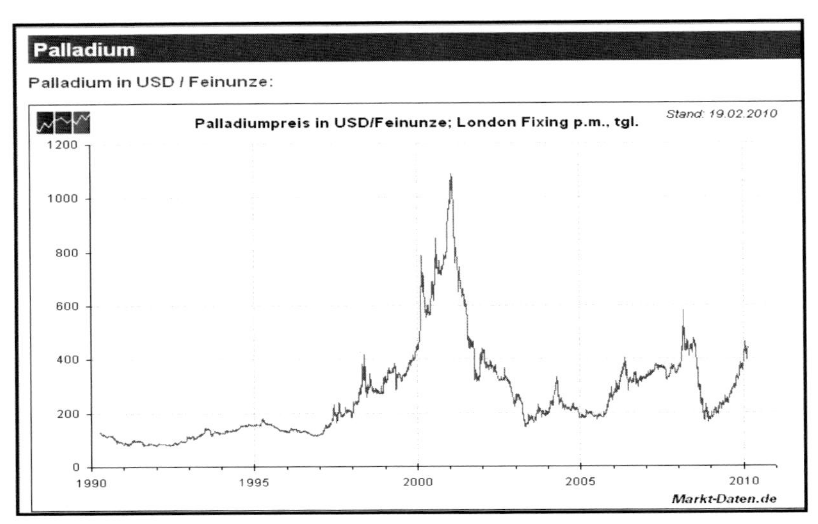

Abbildung 5: Preischart von Palladium von 1990 bis Ende 2009.
[Quelle: entnommen aus www.Markt-Daten.de, Stand: 19.02.2010].

3.2.4 Einzelrisiken und Gruppenrisiken

Eine Abgrenzung des Risikobegriffs ist ein quantitativer Ansatz. In einem Unternehmen können sowohl Einzel- als auch Gruppenrisiken auftreten.[78] Eine Unterscheidung ist insbesondere bei Marktpreisrisiken von Relevanz.

- Einzelrisiken sind vom Unternehmen i.d.R. steuer- und eingrenzbar. Sie treten einzeln und isoliert von einander auf. Es existiert eine deutlich erkennbare sachliche Abgrenzung zu anderen Einzelrisiken.[79] So ist beispielsweise der Kauf eines einzigen Rohstoffs zu einem festen Tag und zu einem festen Preis mit dem Risiko behaftet, den Rohstoff sehr teuer eingekauft zu haben. Dieses Risiko ist für ein Unternehmen i.d.R. tragbar.
- Gruppenrisiken sind eine Aggregation unterschiedlicher Einzelrisiken. Sie enthalten mehrere Einzelrisiken, die allesamt in einer Periode auftreten.[80] Unterschiedliche Käufe und Verkäufe von Rohstoffen und Produkten innerhalb einer Periode mit dem permanenten Risiko eines zu hohen oder niedrigen Preises sind als Beispiel zu nennen.

Eine zu den Gruppenrisiken zählende Gefahr stellt das Klumpenrisiko dar. Es entsteht durch eine zu geringe Streuung von Einzelrisiken, so dass ein erheblicher Teil des Gruppenrisikos korreliert.[81] Unternehmen sollten Risiken möglichst diversifizieren. Die Gesamtkredite eines Unternehmens sollten z.B. aus verschiedenen Laufzeiten, Schuldnern und Formen zusam-

[78] Vgl. ROSENKRANZ/MISSLER-BEHR (2005), S. 28.
[79] Vgl. ROSENKRANZ/MISSLER-BEHR (2005), S. 28.
[80] Vgl. ROSENKRANZ/MISSLER-BEHR (2005), S. 28.
[81] Vgl. ROSENKRANZ/MISSLER-BEHR (2005), S. 28.

mengesetzt sein. Bei einer steigenden Zinskurve und nur einer Laufzeit der gesamten Kredite ist die Möglichkeit einer Anschlussfinanzierung u.U. eingeschränkt oder teurer als ursprünglich kalkuliert.

Auch die Einheit aller Marktpreisrisiken ist faktisch ein Gruppenrisiko. Viele einzelne Risiken auf Ebene der Zinsen, Währungen und Rohstoffe verdichten sich zu einem gesamten finanzwirtschaftlichen Risikosegment. Zinsen haben unterschiedliche Laufzeiten in unterschiedlicher Höhe. Unternehmerische Zinsstrukturen ändern sich regelmäßig. Es findet Handel in unterschiedlichen Währungen statt. Rohstoffpreise sind volatil. Unter anderem bedingt durch die Bearbeitung der unterschiedlichen Marktpreise in unterschiedlichen Abteilungen oder in wenig hilfreichen Strukturen eines Unternehmens sind sie häufig nicht zu quantifizieren und kontrollieren. Zudem sind Zins-, Währungs- und Rohstoffrisiken durch die Globalisierung der Märkte eng miteinander verknüpft. So bedeuten wirtschaftliche oder finanzielle Veränderungen auf Ebene der Volkswirtschaft für jedes Unternehmen unterschiedlichste Konsequenzen. Marktzinsveränderungen haben Auswirkungen auf Währungen, Währungen auf Rohstoffe usw. Die Frage nach den Möglichkeiten und der Notwendigkeit einer Risikooptimierung wird in Kapitel 4 diskutiert.

4. Risikomanagement

Der Begriff eines Risikomanagements ist in kleinen und mittelständischen Unternehmen als ein wichtiges Steuerinstrument wahrgenommen worden, doch die Entwicklung steht häufig noch immer am Anfang. Während große Unternehmen sich dieses Werkzeugs bereits seit langer Zeit bedienen, scheuen viele Mittelständler den Aufwand, sind sich der Zielsetzung nicht bewusst oder befürchten hohe Kosten. Der tatsächliche Nutzen des Risikomanagements für langfristige Planung und finanzielle Sicherheit ist häufig nicht bekannt.[82] Dieses Kapitel stellt das allgemeine Risikomanagement umfassend dar. Aufbauend auf Kapitel 3 mit einer ausführlichen Begriffserklärung der relevanten Risikogruppen widmet sich dieser Abschnitt dem unternehmensinternen ganzheitlichen Konzept im Umgang mit Risiken. Den Grundlagen des Risikomanagements folgen gesetzliche Reglungen, die den Themenbereich in einen festen Rahmen einbetten. Der umfassende Abschnitt der Aufgaben unternehmerischen Risikomanagements bildet den Hauptteil dieses Kapitels, das mit der Integration eines Risikomanagements in ein Unternehmen abschließt.

4.1 Grundlagen des Risikomanagements

Um sich mit den Grundlagen des Risikomanagements auseinanderzusetzen, ist der Blick in die Vergangenheit wichtig. Ursprünglich diente das Risikomanagement unter Zuhilfenahme von Versicherungsgesellschaften ausschließlich dem Ziel, Vermögenswerte vor unerwarteten Schäden zu schützen. Zu diesem Zweck war die Bezugnahme auf asymmetrische und somit reine Risiken ausreichend.[83] Der Umgang mit Chancen aus unternehmerischer Geschäftstätigkeit wurde vernachlässigt (s. Kapitel 3.2). Dieses Vorgehen greift unter der Annahme, dass jedes Unternehmen eine Gewinnerzielungsabsicht verfolgt, zu kurz. Erfolg zeichnet sich nicht nur durch die Verringerung von Risiken, sondern insbesondere durch die Zulassung von Chancen aus. Unternehmerische Entscheidungen bilden ein symmetrisches Profil ab, in dem Chancen und Risiken zugleich berücksichtigt werden müssen. Eine Beschränkung auf die Vermeidung reiner Risiken ist somit nur begrenzt geeignet.[84] Eine ausschließliche Betrachtung der reinen Risiken hätte zur Folge, dass auf Chancen verzichtet wird. Kritisch zu beurteilen ist auch die Fokussierung auf Einzelrisiken. Ein Schutz vor einzelnen Risiken ist in jedem Fall sinnvoll und kann u.U. auch ausreichend sein. I.d.R. ist die alleinige Berücksichtigung eines einzelnen Risikos allerdings zu kurz gegriffen. Anzustreben ist der Ansatz einer ganzheitlichen Betrachtung und eines „optimalen Gesamtrisikoniveaus..., das einerseits der Verwirklichung der Primärziele (z.B. Gewinnmaximierung) nicht entgegensteht und andererseits die Verlustgefahren (Risiken) auf ein nicht existenzgefähr-

---

[82] Vgl. BEINERT (2003), S. 23.
[83] Vgl. MIKUS (2001), S. 10.
[84] Vgl. BRAUN (1984), S. 27 ff.

dendes Maß reduziert“[85]. Dazu zählt zum einen das Erkennen aller Einzelrisiken, deren Verlustgefahr höher einzustufen ist als der potenzielle Ertragswert. Zum anderen die bestmögliche Risikostreuung kleiner Risikoeinheiten, welche in der Konsequenz zur Diversifizierung der Risiken führt.[86] Das Optimum ist die Existenz zwei paralleler Risikomanagementansätze. Einerseits regelt ein spezielles Risikomanagement die Einzelrisiken. Andererseits verläuft ein generelles Risikomanagement direkt unter der Verantwortung der Unternehmensleitung und ordnet das unternehmerische Gesamtrisiko. Das spezielle Risikomanagement ist der weiter gefassten Konzeption unterstellt.[87] Diese Methode sichert eine umfassende unternehmensinterne Überprüfung aller Risiken.
Des Weiteren empfiehlt sich eine weitere Betrachtung von Einzelrisiken. Sie können sich durch Aggregation gegenseitig aufheben oder verstärken. Das Gesamtrisiko wird dadurch verändert. Unterschiedliche Auffassungen der Entscheidungsträger spielen eine übergeordnete Rolle. Risiken können nicht immer objektiv betrachtet werden. Ausmaß und Bedeutung für ein Unternehmen unterliegen der subjektiven Einschätzung ihrer verantwortlichen Risikomanager bzw. der Führungsebene. Die daraus folgenden Maßnahmen unterscheiden sich.[88] Mittlerweile gelten die Ansätze der reinen Versicherung von Einzelrisiken, früher übernommen vonh Versicherungsgesellschaften, u.a. aus den oben dargestellten Gründen, als überholt.
Mittlerweile hat sich Risikomanagement als integrierte Institution unter der direkten Verantwortung der Führungsebene etabliert. Beide gehören untrennbar zusammen.[89] Im Idealfall ist das Risikomanagement als ein Teil der Unternehmenskultur etabliert.[90] Folgende Gestaltungsvarianten von Managementsystemen sind existent:[91]

- Im Separationskonzept verläuft das Management in einem eigenständigen System als Aufbauorganisation.
- Im Integrationskonzept sind die Funktionen des Risikomanagements jedem Bereich zugeordnet.
- Im Mischkonzept arbeiten sogenannte Risikomanager unterstützend mit den Bereichen und Abteilungen des Unternehmens zusammen.

Damit ein Risikomanagement in einem Unternehmen seine Funktion ausschöpfen kann, sind viele Eigenschaften notwendig. Der Prozess des Managements ist anspruchsvoll. So sind

[85] Vgl. BRAUN (1979), S. 13.
[86] Vgl. MIKUS (2001), S. 10.
[87] Vgl. HAHN (1987), S. 138.
[88] Vgl. MIKUS (2001), S. 10 ff.
[89] Vgl. HAHN (1987), S. 138.
[90] Vgl. ROMEIKE/RÜHL (2009), S. 55.
[91] Vgl. REICHLING et al. (2007), S. 212.

Transparenz, Objektivität, Ganzheitlichkeit und eine möglichst weitreichende Integration zu gewährleisten.[92] Auch eine regelmäßige Überprüfung von Aktualität und Präzision sind zu beachten. Das Institut der Wirtschaftsprüfer (IDW) hat in diesem Zusammenhang einen Kriterienkatalog aufgestellt, der Mindestanforderungen darlegt. Diese werden direkt von der Unternehmensführung umgesetzt. Dazu gehören u.a.[93]

- regelmäßige Meldungen an die Unternehmensführung
- eine umfassende Dokumentation und Überwachung
- die Implementierung eines rollierenden Prozesses
- die vollständige Erfassung der Risikofelder des ganzen Unternehmens.

Die Interessensgruppen eines funktionierenden Risikomanagements sind grundsätzlich alle Stake- und Shareholder. Der Wunsch nach Werterhaltung und -steigerung geht einher mit dem Management aller potenziellen Risiken. Sowohl Eigentümer als auch Angestellte, Tochtergesellschaften, Zulieferer, Abnehmer und Fremdkapitalgeber haben Interesse an einem wirtschaftlich solide aufgestellten Unternehmen.[94]

Im Rahmen einer grundsätzlichen Betrachtung des Risikomanagements mit aktuellem wirtschaftlichem Bezug hilft ein Blick auf die Zeitreihendarstellung von Unternehmensinsolvenzen der letzten 20 Jahre in Deutschland. Es fällt auf, dass sich die Quoten deutlich erhöht haben. Während im Jahr 1991 eine verhältnismäßig geringe Insolvenzquote i.H. von 3,4% vorlag, kam es in den Folgejahren zu Anstiegen, die in der Spitze bei knapp 13,5% lagen. In den letzten Jahren war die Quote rückläufig und verharrte schließlich bei gut 9%. Dabei ist zu erkennen, dass sich die Daten an den wirtschaftlichen Phasen orientieren. Der Verlauf der Konjunktur hat Einfluss auf die Entwicklung der Insolvenzen. Vergleiche zum Bruttoinlandsprodukt der letzten Jahre belegen diesen Trendverlauf (s. Abbildung 6)[95]. Ein konjunktureller Anstieg wird i.d.R begleitet von einem Rückgang der Insolvenzen, ein konjunktureller Rückgang ist verbunden mit einem Anstieg der Insolvenzen. Exemplarisch ist diese These am Beispiel der Jahre von 1997 bis 2003 zu belegen. Während die volkswirtschaftlichen Wachstumsraten bis zum Jahr 1999 solide auf einem hohen Niveau verharrten und im Jahr 2000 ihren Höhepunkt fanden, blieben auch die Insolvenzquoten nahezu unverändert. In den Folgejahren schwächte sich das Wachstum durch das Platzen der Dotcom-Blase ab, bis 2003 sogar ein negatives Wachstum hingenommen werden musste. Genau gegenläufig verlief die Insolvenzquote, die in dieser Zeitreihe ihren Höhepunkt im schwächsten Jahr des

---

[92] Vgl. REICHLING et al. (2007), S. 213.
[93] Vgl. REICHLING et al. (2007), S. 213.
[94] Vgl. BEINERT (2003), S. 26.
[95] Vgl. http://www.ifm-bonn.org/index.php?id=618.

volkswirtschaftlichen Wachstums fand. Berücksichtigt werden müssen in der genauen Betrachtung allerdings Parameter wie die eines time lag, die einen ganz präzisen Gleichlauf beider Kurven beeinträchtigen.

Es bleibt festzuhalten, dass eine erkennbar negative Korrelation von Insolvenzen an volkswirtschaftlicher Entwicklung besteht.[96] Sie veranschaulicht einen Zusammenhang zwischen Konjunktur und unternehmerischen Risiken. Erstere sind von einzelnen kleinen und mittelständischen Unternehmen nicht beeinflussbar, letztere schon. Es liegt in den Händen der Unternehmensführungen, durch ein effektives Risikomanagement eine Abhängigkeit zu mildern.

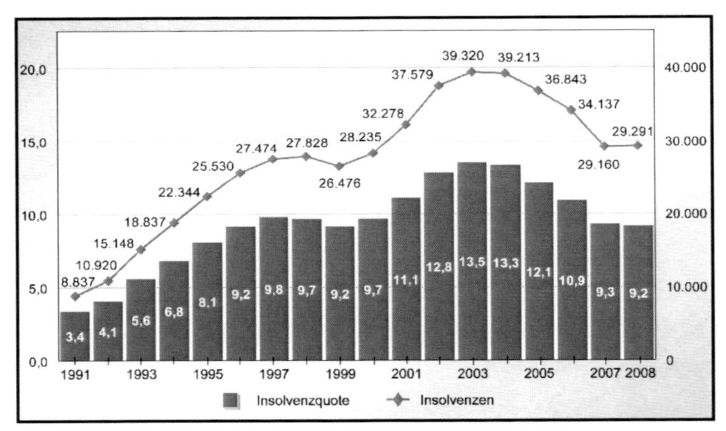

Abbildung 6: Insolvenzen und Insolvenzquote 1991 - 2008 in Deutschland. (Insolvenzquote = Insolvenzen je 1.000 Unternehmen).

[Quelle: IfM in Bonn 2009, Daten des Statistischen Bundesamts, Stand: 2009].

4.2 Gesetzliche Regelungen

Nach eingehender Betrachtung des Risikomanagements im Allgemeinen bedarf es im Folgenden eines systematischen Überblicks der gesetzlichen Regelungen. Differenziert werden zwei unterschiedliche Ansätze: das Gesetz zur Kontrolle und Transparenz im Unternehmensbereich (KonTraG) und die Baseler Rahmenvereinbarung für die Eigenkapitalempfehlung für Kreditinstitute (Basel II). Der wesentliche Unterschied ist der jeweilige Geltungsbe-

---

[96] Die Deutsche Bundesbank stellt den Zusammenhang zwischen Finanzsystem und Finanzkrisen dar. „Finanzkrisen sind Episoden mit hoher Volatilität an den Finanzmärkten, Liquiditätsproblemen und der Insolvenz wichtiger Finanzmarktteilnehmer, die realwirtschaftliche Effekte nach sich ziehen können." (s. http://www.bundesbank.de/finanzsystemstabilitaet/fs_finanzsystem.php); s. auch ROMEIKE/RÜHL (2009), S. 54.

reich. Basel II setzt seinen Schwerpunkt auf Kreditinstitute, das KonTraG bezieht sich auf alle anderen Unternehmen aus Industrie, Handel und Dienstleistung.
In einem ersten Schritt ist der aktuelle Ansatz aus dem Sektor der Banken zu ergründen. Trotz des ausdrücklichen Ausschlusses des Finanzsektors in dieser Studie ist es von Bedeutung, in diesem Fall eine Ausnahme zu machen. Im Jahr 1988 als Aufsichtsregel für Kreditinstitute ins Leben gerufen, stellten die damaligen Baseler Eigenkapitalvereinbarungen (Basel I) die Grundlage der heutigen dar. Beiden gemein ist das Ziel der Stabilität des Bankensektors.[97] Während sich Basel I auf die ausreichende Unterlegung von Eigenkapital bei Markt- und Kreditrisiken der einzelnen Kreditinstitute beschränkte, geht Basel II einen Schritt weiter. Weil das Konzept Basel I im Laufe der Zeit von den Banken untergraben wurde griff es zu kurz. Banken gingen dazu über, die Vorsichtsmaßnahme der Eigenkapitalunterlegung zu umgehen. Sie hielten sich an die Mindesthöhe i.H. von 8% gegenüber allen Forderungen des privaten Sektors, veränderten jedoch das Kreditportfolio. Sichere und weniger ertragreiche Kredite wichen den profitableren und risikoreicheren. Sie nahmen höhere Risiken in der Bilanz auf.[98] Basel II griff ab Ende 2006 den Ansatz der Mindesteigenkapitalunterlegung der Kreditrisiken auf. Verändert wurden die Messverfahren der Risiken. Sie sind nicht strikt vorgegeben, müssen aber dem gesamten Risikoprofil des Kreditinstituts entsprechen. Es gilt ein risikoangemessenes Vorsichtsprinzip. Eine Bankenaufsicht kontrolliert die Messungen und leitet ggf. notwendige Maßnahmen ein. Schließlich sind die Banken dazu angehalten, ein zu veröffentlichendes Berichtswesen über die zu tragenden Risiken zu führen.[99] Verbunden werden die risikokontrollierenden Messverfahren mit Kreditratings externer Ratingagenturen, deren Einschätzung im Wesentlichen die Bonität und Kreditwürdigkeit eines Unternehmens widerspiegeln. In großen Unternehmen längst etabliert, beginnen sich auch im Mittelstand Ratings durchzusetzen. Unternehmen, die von den Analysten als besonders kreditwürdig eingestuft werden, erhöhen ihre Möglichkeiten von Fremdfinanzierungen. Dabei sind positiv einzuschätzende Aspekte soft skills wie Managementerfahrung oder Informationsaustausch zwischen Kunde und Bank. Die Implementierung von Risikomanagementsystemen setzt sich als notwendiger Standard in der Vergabe guter Ratings durch. Sie vermitteln durch Reportings und Transparenz sowie bei Analysten als auch bei Banken Vertrauen und Stabilität.[100]
Festzuhalten ist, dass Basel II nicht nur Auswirkungen auf Kreditinstitute hat. Die eingeführte Risikosensibilität beschäftigt indirekt auch andere Unternehmen. Insbesondere kleine und mittlere Unternehmen sind ob der Abhängigkeit von Banken betroffen (s. Kapitel 5.3 Konsequenzen fehlenden Risikomanagements bei KMU

---

[97] Vgl. Deutsche Bundesbank unter:
http://www.bundesbank.de/bankenaufsicht/bankenaufsicht_basel.php.
[98] Vgl. WAMBACH (2002), S. 218 ff.
[99] Vgl. Deutsche Bundesbank unter
http://www.bundesbank.de/bankenaufsicht/bankenaufsicht_basel.php
[100] Vgl. REICHLING (2003), S. 17.

Analog der Regelungen der Finanzinstitute durch Basel II existiert bei anderen Unternehmen seit 1998 das KonTraG. Ursprünglich eine Erweiterung des Aktiengesetzes (§ 91 Absatz 3), betrifft das KonTraG nun im Rahmen einer Ausstrahlungswirkung auch weitere Unternehmensformen wie die GmbH oder die Personengesellschaft.[101] Somit sind auch mittelständische Unternehmen, die nicht in der Form einer Aktiengesellschaft an der Börse notieren, an die Regelungen des KonTraG gebunden. Es hält das Management von Unternehmensleitungen dazu an, mehr Transparenz über alle relevanten Geschäftsvorgänge zu schaffen und sowohl ein Früherkennungssystem als auch ein internes Überwachungssystem für existenzbedrohende Risiken zu etablieren (s. Abbildung 7). Auf diesem Weg wird versucht, Risiken frühzeitig zu erkennen, um entsprechende Gegenmaßnahmen einleiten zu können.[102] Das KonTraG ist allerdings keine weitreichende Neuerung. Es sensibilisiert die Unternehmensleitungen durch eine detailliertere Ausführung, die ohnehin bestehende kaufmännische Sorgfaltspflicht, die das Erkennen und den Umgang mit Risiken beinhaltet, ernster zu nehmen. Als Grundlage dient ein systematischer Umgang mit allen wesentlichen unternehmerischen Risiken, ohne eine explizite Eingrenzung vorzunehmen. Auch auf eine Verpflichtung, verpflichtende bzw. bindende Überwachungssysteme oder -strukturen nutzen zu müssen, wird von gesetzlicher Seite verzichtet. Gemäß § 91 Absatz 2 AktG hat der Vorstand nur „geeignete Maßnahmen zu treffen, insbesondere ein Überwachungssystem einzurichten, damit den Fortbestand der Gesellschaft gefährdende Entwicklungen früh erkannt werden". Eine angemessene Relation zur Unternehmensgröße, -struktur o.ä. wird vorausgesetzt.[103] Ebenso spielt die Branche eine entscheidende Rolle. Unternehmen aus einem risikobehafteten Sektor wie dem Pharmabereich sollten andere Voraussetzungen erfüllen als solche aus dem Dienstleistungssektor. Das Verhältnis der Risiken im Vergleich zu den Chancen ist zweifelsohne erheblich größer.

Die Umsetzung und die Verantwortung befinden sich letztlich in Händen der Unternehmensleitung. Dies gilt ebenso für die beiden Kontrollinstanzen, die ein Risikomanagement vervollständigen. Das Frühwarnsystem wird kontrolliert durch ein Risikocontrolling. Rechtzeitig erkannte Risiken werden ausgewertet, an die Führungsebene weitergeleitet, und präventive Maßnahmen werden ggf. umgesetzt. Das interne Überwachungssystem hat eine Kontrollfunktion über alle Vorgänge innerhalb des Unternehmens im Zusammenhang mit Risiken. Dazu gehört u.a. die Umsetzung risikorelevanter Entscheidungen. Daher greift ein Controlling mit dem Zuständigkeitsbereich der Datenaufnahme und Weitergabe zu kurz. An dieser Stelle ist die Implementierung einer internen Revision sinnvoll. Sie sollte die Einhaltung kritischer Gesichtspunkte wie organisatorische oder rechtliche Grundlagen überwachen.[104]

---

[101] Vgl. WOLKE (2008), S. 2.; FIEGE (2005), S. 8 ff.; REICHLING et al. (2007), S. 209.
[102] Vgl. WAMBACH (2002), S. 216.
[103] Vgl. REICHLING et al. (2007), S. 210.
[104] Vgl. KRYSTEK (2002), S. 103 ff.

Elementarer Bestandteil des KonTraG ist außerdem die Bandbreite der Risikovorsorge und -erfassung. Jede Art Risiko, die dem Unternehmen nachhaltigen Schaden zufügen kann, ist zu erfassen und entsprechend zu berücksichtigen.[105] Es wird deutlich, dass die Implementierung eines durch das KonTraG angestoßenen unternehmensinternen Risikomanagements für jede Art Unternehmen eine besondere Herausforderung darstellt. Sowohl ein Frühwarnsystem als auch ein Risikocontrolling sind die Mindestbedingungen, die erfüllt sein müssen. Die Bedeutung der Implementierung bzw. der Führung eines Risikomanagementsystems zeigt sich nicht zuletzt an der Aufnahme eines Paragraphen in das Handelsgesetzbuch. Dort ergeben sich für die Abschlussprüfung weitreichende Neuerungen. Die Prüfer sind nach § 317 Absatz 4 HGB angewiesen zu überprüfen, ob „der Vorstand die ihm nach § 91 Absatz 2 AktG obliegenden Maßnahmen in einer geeigneten Form getroffen hat und ob das danach einzurichtende Überwachungssystem seine Aufgaben erfüllen kann"[106]. Der Prüfungsprozess beinhaltet nunmehr eine umfassende Kontrolle des Risikomanagementsystems. Darüber hinaus sind auch Kontrollgremien wie beispielsweise Aufsichtsräte gemäß des neuen Bilanzrechtsmodernisierungsgesetzes (BilMoG) eng mit dem Risikomanagement verknüpft. Ihnen obliegen „explizit die Beurteilung der Wirksamkeit des internen Kontrollsystems, des Risikomanagementsystems und des internen Revisionssystems"[107].

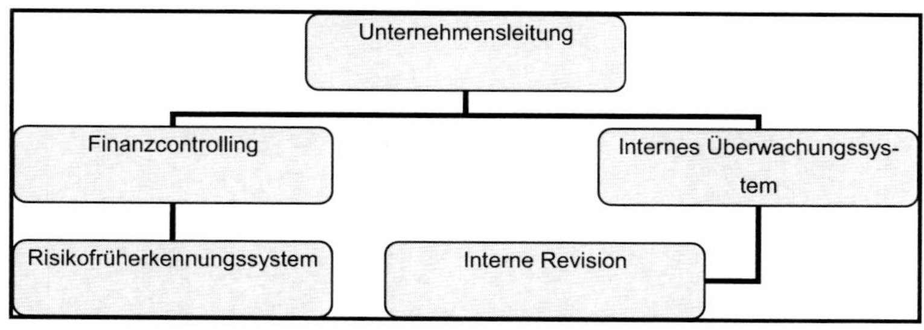

Abbildung 7: Risikomanagement gemäß KonTraG.
[Quelle: in Anlehnung an REICHLING et al. (2007)].

4.3 Aufgaben unternehmerischen Risikomanagements

Das Unternehmensmanagement gibt den Prozessablauf für die individuelle Risikopolitik bzw. die langfristige unternehmenspolitische Planung vor. Die Aufstellung der Unternehmensorganisation gehört u.a. zu diesen Aufgaben. Ihr folgt die Ebene der strategischen Planung. Sie ist mittelfristig ausgerichtet. In ihr Aufgabengebiet fällt die Geschäftsfeldplanung. Abschließend folgt die operative unternehmerische Planung. Sie ist kurzfristiger als die beiden anderen ausgerichtet und verantwortet z.B. Funktionsbereichsplanungen. Alle drei Planungs-

[105] Vgl. WAMBACH (2002), S. 216 ff.
[106] Entspricht dem Wortlaut des § 317 Absatz 4 HGB.
[107] Vgl. KPMG (2009), S. 29.

felder bilden ein komplexes unternehmerisches Planungssystem, welches unter ständiger Kontrolle der Unternehmensleitung bzw. des Risikomanagements steht. Dazu gehören ein ausgewogenes Chance-Risiko-Profil und die Schadenshöhe, bei der Maßnahmen ergriffen werden müssen.[108] Es sollten z.B. sämtliche potenzielle Gefahrenquellen jederzeit aufgedeckt und messbar gemacht werden können.[109] Außerdem sollte der Prozess regelmäßig zu beobachten und kontrollieren sein. Das gibt die Gelegenheit, ihn gegebenenfalls anzupassen.[110] Hierzu ist eine Klassifizierung der Risiken notwendig. Die Einteilung der Risiken in ein Drei-Stufen-Modell bietet sich an. Es enthält die kritischen Risiken, die dem Unternehmen existenziellen Schaden zufügen. Die wichtigen Risiken stellen keine Existenzgefährdung dar, sind jedoch nicht zu vernachlässigen. Kurzfristige Kapitalmaßnahmen könnten die Folge sein. Schließlich gibt es unwichtige Risiken. Sie erfordern keinerlei Maßnahmen außergewöhnlicher Art.[111]

Die Aufgaben eines Risikomanagements spiegeln sich im Ablauf des Risikomanagementprozesses wider. Die unterschiedlichen Prozesse sind in jedem Unternehmen individuell aufgestellt. Eine übliche Prozesskette zeigt Anzahl, Bezeichnungen und Aufgaben der Abläufe. Sie werden in der wissenschaftlichen Literatur unterschiedlich interpretiert.[112] Dieser Studie liegt folgende Einteilung zugrunde (s. Abbildung 8).

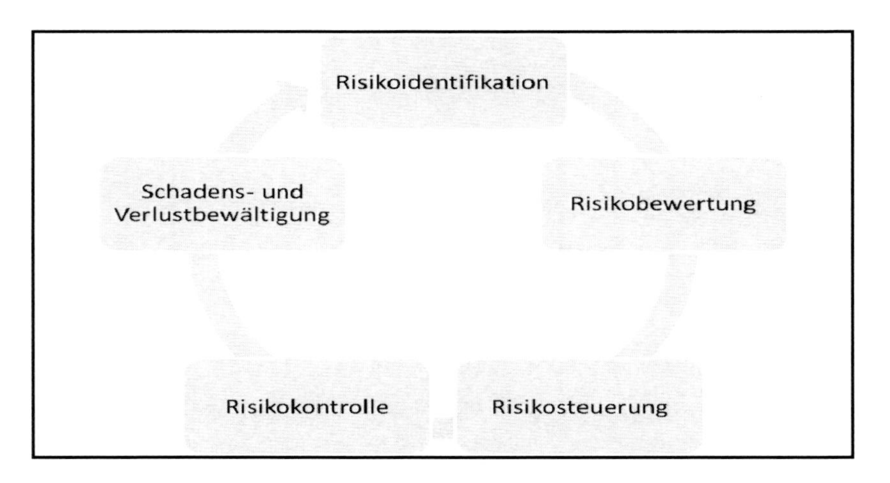

Abbildung 8: Risikomanagementprozess.

[Quelle: Eigene Darstellung, in enger Anlehnung an BRAUN (1979), S. 16.].

[108] Vgl. LÜCK (1998), S. 1926.
[109] Vgl. REICHLING et al. (2007), S. 214.
[110] Vgl. LÜCK (1998), S. 1926.
[111] Vgl. WOLKE (2008), S. 67.
[112] Vgl. BRAUN (1984), S. 65.

Auch wenn die verschiedenen Prozessschritte des Risikomanagements zum Teil Überschneidungen aufweisen und keiner allgemeingültigen wissenschaftlichen Definition unterliegen[113], werden sie in den folgenden Abschnitten analysiert und so genau wie möglich voneinander abgegrenzt.

4.3.1 Risikoidentifikation

Als wichtigstes Element gilt die Identifikation aller Risiken. Sie bildet die Grundlage der folgenden Prozesskette. Erst die Entdeckung eines Risikos gibt Anlass zu weiteren Schritten.[114] Alle Ansätze der Risikoidentifikation haben ihren Ausgangspunkt in der Vorgabe der Unternehmensleitung. Sie entscheidet über die Risikostrategie des Unternehmens, welche im Einklang zur Unternehmensstrategie stehen muss. Risikomanagement stellt sich für sehr spekulativ ausgerichtete Unternehmen anders dar als für risikoaverse. In der wissenschaftlichen Literatur sind verschiedene Ansatzpunkte vorhanden, die als Ziel die permanente, rechtzeitige, wirtschaftliche, schnelle und vollständige Identifikation haben.[115] So muss jeder Unternehmensbereich bei der Suche nach Risiken aller Art rechtzeitig untersucht werden.[116] Im Zuge der Einführung des KonTraG kommt diesem Gesichtspunkt eine ganz besondere Bedeutung zu, denn das KonTraG fordert ein Früherkennungssystem für Risiken.[117] Ihre verborgene Existenz wird auf diesem Weg unterbunden.[118] Viele Früherkennungsverfahren arbeiten z.B. mit Kennzahlen. Sie erfassen Abweichungen zwischen Soll- und Ist-Größen. Mittels dieser Kennzahlen besteht die Chance einer rechtzeitigen Aufdeckung von Risiken. Risikomanager können sich anschließend mit ihnen entsprechend befassen.[119]
Auch die Suche nach Risiken, deren Existenz bislang durch Einzelleistung einzelner Mitarbeiter verdeckt ist, sollte Berücksichtigung finden. Zukünftigen Risiken ist eine ähnliche Beachtung beizumessen wie aktuellen.[120] Ein weiterer Ansatzpunkt ist die denkbare Einflussnahme von Einzelrisiken untereinander. Sie können entweder eine kumulative oder kompensierende Wirkung aufeinander haben.[121] Darüber hinaus ist die Vollständigkeit der Risikoidentifikation elementar. Nicht anzuraten ist die Hervorhebung einzelner Risiken aufgrund gesetzter Prioritäten des Unternehmens zulasten der vollständigen Risikoidentifikation. Der korrekte Ansatz ist eine ganzheitliche Identifikation.[122]

---

[113] Vgl. FIEGE (2005), S. 96.
[114] Vgl. ROMEIKE (2003), S. 165.
[115] Vgl. BURGER/BUCHART (2002), S. 32.
[116] Vgl. SEIFERT (1978), S. 3.
[117] Vgl. LÜCK (1998), S. 1928.
[118] Vgl. BRAUN (1979), S. 19 f.
[119] Vgl. REHGUGLER (2002), S. 587.
[120] Vgl. LÖHR (2000), S. 313.
[121] Vgl. FIEGE (2006), S. 102.
[122] Vgl. FASSE (1995), S. 71.

Einige mögliche Analysemethoden zur Risikoerkennung sind:[123]

- Eine Besichtigungsanalyse, bei der die verschiedenen Unternehmensteile wie Maschinen, Fuhrpark oder Betriebshallen durch eine genaue Betrachtung auf Funktionsfähigkeit untersucht werden.
- Eine Dokumentenanalyse, die sämtliche relevanten Schriftstücke wie Revisionsunterlagen oder Verträge einer Kontrolle unterzieht.
- Organisationsanalysen, die Prozessketten oder Kompetenzhierarchien prüfen.
- Befragungen, bei denen die Mitarbeiter Stellung zu ihren jeweiligen Verantwortungsbereichen nehmen.
- Checklisten, die z.B. Arbeitsabläufe im Unternehmen prüfen.

Weitere Analysemethoden modernerer Art sind diesen hinzuzufügen. Scoring-Modelle, SWOT-Analysen, Portfolioanalysen oder Prognosemodelle erweitern den Kreis der oben aufgeführten Methoden.[124] Eine vollständige Erfassung aller vorhandenen oder kommenden Risiken in einem Unternehmen leistet keine von ihnen.[125] Es ist zweckmäßig, mehrere unterschiedliche Analyse- und Prognoseinstrumente parallel anzuwenden.[126] Unabhängig von der Analysetechnik gilt: Je intensiver und langwieriger eine Analyse andauert, desto höher sind die Transaktionskosten. Sobald der Aufwand nachweisbar in keinem Verhältnis zum ermittelten Nutzen steht, sollte der bisherige Einsatz überdacht und evtl. eingeschränkt oder eingestellt werden. Das Ausweichen auf andere Analysemethoden ist in diesen Fällen u.U. sinnvoll. Weiterhin ist der zukünftige Beitrag zum Unternehmenserfolg durch die Ermittlung vergangener Risiken zu hinterfragen. Nicht jedes Risiko ist gleich bedeutend. Eine ausschließlich auf Analysen aufgebaute Risikoidentifikation greift zu kurz. Ereignisse aus der Vergangenheit sind ebenso wenig in die Zukunft übertragbar wie zukünftig eintretende Ereignisse aus vergangenen Geschehnissen ableitbar sind.[127]

Die Methoden der Risikoidentifikation von Marktpreisrisiken sind begrenzt. Die oben allgemein dargestellten Analysemethoden beschränken ihren Nutzen eher auf interne Risiken. Die zweckmäßigen Ansätze unterscheiden sich bei internen und externen Risiken sehr. Die Unterschiede zwischen internen und externen Risiken sind zu groß. Exemplarisch für eine Möglichkeit der Risikoidentifikation bei externen Risiken sei die Szenarioanalyse herausgestellt. Als eine Kombination aus qualitativen und quantitativen Elementen geht sie von Unter-

---

[123] Vgl. BREBECK (1997), S. 385.
[124] Eine Vorstellung dieser Methoden führt zu weit und findet im Rahmen dieser Studie keine Berücksichtigung. Stattdessen wird auf die ausführliche Darstellung in FIEGE (2006), S. 109 ff. verwiesen.
[125] Vgl. EMMERICH (1999), S. 1080.
[126] Vgl. KÖNIG (2008), S. 28 f.
[127] Vgl. FIEGE (2006), S. 112.

nehmensprognosen aus.[128] Prognosen haben den Vorteil, dass sie zukunftsgerichtet sind. Ihr Ansatz liegt darin, potenziell eintretende Zukunftsszenarien abzubilden. Unter Zuhilfenahme von Szenarioanalysen werden, ausgehend von einem willkürlichen Startpunkt, denkbare und erklärbare Annahmen getroffen, die zukünftig unter Extrembedingungen eintreffen könnten. Im Fall der Marktpreise können dies sowohl Zinssätze, Rohstoffpreise oder Wechselkurse sein. Aufgrund zu großer Volatilitäten und somit erschwerter Zukunftsaussagen bei Marktpreisen sollte der Prognosezeitraum nicht zu lang sein. Alle Annahmen werden in die Zukunft projiziert. Es entsteht, u.a. bedingt durch Wechselwirkungen untereinander, ein weites Spektrum hypothetischer Szenarien. Die Anzahl unterschiedlicher und potenzieller Resultate kann sehr groß werden.[129] Die Abbildung 9 veranschaulicht das Prognosemodell. Ein gegenwärtiger Startpunkt hat bestenfalls einen Trendverlauf. Die tatsächliche Entwicklung wird durch eintretende Störungen von dem Trendpfad abgebracht. Diese Störungen bewirken eine Streuung in alle Richtungen, die schließlich die Extremszenarien dieses Modells anzeigt.

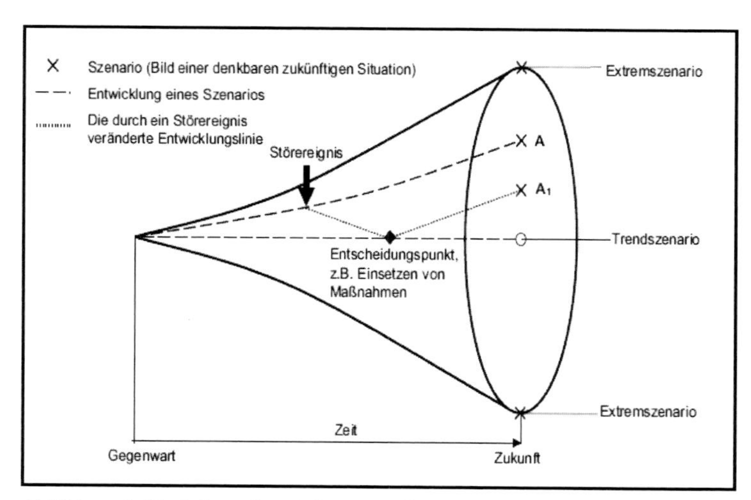

Abbildung 9: Modell zur Darstellung von Szenarien.
[Quelle: GESCHKA/HAMMER (1984)].

Als Beispiel dient ein Unternehmen mit der Heimatwährung Euro. Es hat regelmäßigen Bedarf an einem Rohstoff, der in der Währung USD eingekauft wird. Nach erfolgter Produktion findet der Absatz in Schweizer Franken (CHF) statt. Der Ansatz der Szenarioanalyse ist es, unter Zuhilfenahme der Annahme von Extremsituationen der Faktoren unterschiedlicher Wechselkurse, Einkaufspreise des Rohstoffs und Verkaufspreise des Produktes Gefahren-

[128] Vgl. HAHN/HUNGENBERG (2001), S. 325.
[129] Vgl. ROSENKRANZ/MISSLER-BEHR (2005), S. 177 f.

potenziale zu erkennen und zu filtern.[130] Das Modell der Szenarioanalyse nutzt mögliche Einflussfaktoren, um daraus ein Abbild in der Zukunft zu schaffen. Auf diesem Weg zeichnen sich potenzielle Entwicklungen ab, auf die sich Unternehmensleitung im Hinblick auf denkbare Risiken einstellen kann.[131]

Eine weitere zielgerichtete Methode, Marktpreisrisiken im Unternehmen zu filtern, sind Frühwarnindikatoren. Sie bieten die Gelegenheit, Abweichungen von festgelegten Beobachtungsbereichen wie Rohstoffpreisen oder Wechselkursen frühzeitig aufzudecken. Für diese Methode werden Sollwerte und Toleranzgrößen für Kennzahlen bestimmt, die weder über- noch unterschritten werden dürfen. Bei Auffälligkeiten kann das Planungs- und Berichtswesen informiert werden. Sie entscheiden dann ggf. über eine Weiterleitung an die Unternehmensführung.[132]

4.3.2 Risikobewertung

Im Prozess des Risikomanagements steht die Bewertung ermittelter Risiken an nächster Stelle. Es ist nicht ausreichend, Risiken vorzeitig, rechtzeitig oder im Nachhinein identifiziert zu haben. Notwendig ist die Errichtung einer Grundlage für die Steuerung von Risiken.[133] Die Unternehmensleitung verfolgt einen von ihr zu verantwortenden geschäftspolitischen Ansatz. Ihr obliegt es, Zielsetzungen des Risikomanagements festzulegen. Offene Fragen des Risikomanagements sind zu beantworten. Dazu gehören die nach der Notwendigkeit zukünftiger Steuerungsmaßnahmen bei kurzfristigen Marktveränderungen oder die nach der Relevanz der Sicherung kurzfristiger Liquidität.[134] Nach Festlegung der Ziele folgt als nächster Schritt die Quantifizierung des Risikoausmaßes. Relevant sind die beiden Dimensionen Schadenshöhe und Eintrittswahrscheinlichkeit. Unter Berücksichtigung beider Einheiten ist mathematisch der Erwartungswert des Risikos quantifizierbar.[135] Um den Erwartungswert zu verringern, ist entweder die Höhe des drohenden Verlusts oder die Wahrscheinlichkeit des Eintritts zu senken.[136] Eine weitere Komponente der Risikomessung besteht in einem zeitlichen Bezug. Risiken können in kurz-, mittel- und langfristige Zeitfenster eingeteilt werden. Unabhängig von ihrem zeitlichen Auftreten werden alle Risiken identifiziert, charakterisiert und systematisiert.[137] Hervorzuheben ist eine mögliche Aufhebung oder Kumulation durch Aggregation von Einzelrisiken. Aus diesem Grund ist eine individuelle Betrachtung jedes Einzelrisikos

---

[130] Vgl. ROSENKRANZ/MISSLER-BEHR (2005), S. 178 ff.
[131] Vgl. REIBNITZ (1987), S. 23.
[132] Vgl. ROSENKRANZ/MISSLER-BEHR (2005), S. 168 ff.
[133] Vgl. BURGER/BUCHHART (2002), S. 101 oder BRAUN (1979), S. 21.
[134] Vgl. BURGER/BUCHHART (2002), S. 154.
[135] Vgl. BRAUN (1979), S. 21.
[136] Vgl. WILD (1971), S. 686.
[137] Vgl. BRAUN (1979), S. 21 f.

notwendig. Die aggregierte Betrachtung des Gesamtrisikos kann u.U. nicht ausreichend sein, weil einzelne Risiken besonders große unternehmerische Schäden verursachen können.[138]

Die Messung von Risiken ist grundsätzlich durch viele Methoden möglich. Dabei bewähren sich die Ansätze je nach angestrebter Zielsetzung sehr unterschiedlich. Generell sind quantitative und qualitative Ansätze zu unterscheiden. Letztere haben den Nachteil eines eingeschränkten Nutzens. Die Ergebnisse unterliegen subjektiven Faktoren und können somit nur geschätzt werden. Eine objektive Basis ist nicht vorhanden, eine Berechnung von Erwartungswerten ist nicht möglich.[139]

Der quantitative Bewertungsansatz von Risiken ist vielfältiger und nützlicher. Seine Möglichkeiten führen von Value-at-Risk (VaR) und Cash Flow- bzw. Earnings-at-Risk (EaR)-Methoden bis hin zu Sensitivitäts- bzw. Szenarioanalysen. Letzere wurde bereits in Kapitel 4.3.1 erläutert. Die Sensitivitätsanalyse entspricht im Wesentlichen der Szenarioanalyse. Sie unterscheiden sich nur in der Variationsbreite der Risikofaktoren und somit der Extremszenarien.[140] Zusätzliche Einflussfaktoren wie Volatilitäten oder Laufzeiten von Marktpreisen fließen in die Untersuchung mit ein.[141] Wie die Abbildung 10 zeigt, werden beide angewandt, wenn keine Kenntnis über Wahrscheinlichkeitsverteilungen vorliegt. Sie sind insbesondere im finanzwirtschaftlichen Umfeld eines Unternehmens nutzbar. Ihre Handhabe bei internen betrieblichen Risiken ist eingeschränkt.

Informationsvoraussetzung / Zielgröße	Kenntnis der Wahrscheinlichkeitsverteilung der Risikofaktoren: erforderlich	Kenntnis der Wahrscheinlichkeitsverteilung der Risikofaktoren: Nicht erforderlich
Marktwert	Value-at-Risk	Sensitivitätsanalysen Szenarioanalysen
Finanzieller Überschuss/ Ergebnisgröße	Cash Flow-at-Risk Earnings-at-Risk	Sensitivitätsanalysen Szenarioanalysen

Abbildung 10: Methoden zur Messung, Steuerung und Kontrolle von Preisrisiken.
[Quelle: GEBHARDT/MANSCH (2001), S. 64.].

Die Methoden der Risikobewertung bei Marktpreisen sind vielfältig. In der Vergangenheit etablierten sich mathematische Anwendungen aus dem Bereich der Finanzinstitute bei großen Unternehmen schnell. Mittlerweile arbeiten vermehrt auch KMU mit derlei Analysetools. Der folgende Abschnitt stellt zwei bewährte Methoden vor.

---

[138] Vgl. FIEGE (2006), S. 161 f.
[139] Vgl. BRAUN (1984), S. 238 f.
[140] Vgl. GEBHARDT/MANSCH (2001), S. 64.
[141] Vgl. ROMEIKE (2003), S. 204.

Der VaR wird definiert als derjenige „Wertverlust eines Portfeuilles .., der mit einer vorgegebenen Wahrscheinlichkeit [dem Konfidenzniveau], z.B. 95% bzw. 99%, innerhalb einer vorgegebenen Frist nicht überschritten wird“[142]. Er wird in Geldeinheiten ausgedrückt und stellt die maximal angenommene negative Abweichung eines Erwartungswertes dar. Eine zukünftige Abweichung ist jedoch nicht unmöglich. Seiner Berechnung liegen objektive Erkenntnisse über den Erwartungswert von Risiken zugrunde. Aus diesem Grund eignet sich das Verfahren besonders für Zins-, Rohstoff- und Währungsmärkte. Die Berechnung des VaR erfordert das Vorliegen von Verträgen wie Zahlungsvereinbarungen, preislich nachvollziehbaren Märkten und einen nicht zu langen Berechnungshorizont, der die Ergebnisse verfälschen könnte.[143] Zum besseren Verständnis lässt sich der VaR an einem Beispiel verdeutlichen: Ein Unternehmen hat ein Rohstofflager. Der aktuelle Wert des Rohstoffs beträgt 1.000 Geldeinheiten (GE). Der VaR dieses Lagers liegt mit einer Wahrscheinlichkeit von 99% bei 150 GE. Diese Aussage verdeutlicht, dass der Wert des Rohstoffs innerhalb von 100 Tagen nur einmal außerhalb des Bereichs von 850 GE bis 1.150 GE lag. An den übrigen 99 Tagen lag der Wert immer innerhalb dieser Spannbreite. Diese Erkenntnis ist für Fachleute, aber insbesondere auch für Laien, eine nachvollziehbare Größe. Errechnet wird der VaR mit unterschiedlichen Verfahren. Besondere Beachtung wird den Simulationsverfahren geschenkt.
Die Historische Simulation ist ein Schätzverfahren, welches auf vergangene Daten von Risikofaktoren einer Einheit (Zinsen, Währung oder Rohstoffe z.B.) zurückgreift. Ihr liegt die Annahme zugrunde, dass die historischen Risikofaktoren den Preis in der Zukunft ebenso verändern wie in der Vergangenheit. Aus diesem Grund werden Daten der Vergangenheit in die Zukunft transferiert. Als Ergebnis entsteht eine Wahrscheinlichkeitsverteilung, die den historischen VaR für alle Konfidenzniveaus darstellt.
Das Verfahren der Monte-Carlo-Simulation ähnelt dem der Historischen Simulation. Die Risikofaktoren werden nicht aus der Vergangenheit übernommen, sondern willkürlich verändert.[144] Wertvoll im Sinne einer Risikomessung wird diese Simulation erst bei einer sehr hohen Anzahl an Durchläufen, weil sie erst durch eine große Masse von Daten valide Ergebnisse liefert.[145]
Der Cash Flow-at-Risk (CFaR) ähnelt dem VaR. Während der VaR die Risikomessung auf einen Zeitpunkt bezieht, berechnet der CFaR die Risiken allerdings für einen Zeitraum. Dazu werden die zukünftigen und noch unsicheren Cash Flows des Unternehmens abgebildet (z.B. als Folge von Marktpreisänderungen).[146] Die Cash Flows sind unsicher, weil die Marktpreise innerhalb dieses Zeitraums Schwankungen ausgesetzt sind. Der Eintrittszeitpunkt der

---

[142] Vgl. GEBHARDT/MANSCH (2001), S. 64.
[143] Vgl. BURGER/BUCHHART (2002), S. 124.
[144] Vgl. GEBHARDT/MANSCH (2001), S. 72.
[145] Vgl. BURGER/BUCHHART (2002), S. 128.
[146] Vgl. WIEDEMANN/HAGER (2003), S. 3.

Risiken ist nicht prognostizierbar. Sicher ist nur, dass sie eintreten. Somit werden sie für eine Periode simuliert und ergeben ein zufälliges Szenario von Zahlungsströmen.[147] Wie viele Szenarien in dieser Messung innerhalb eines gewünschten Konfidenzintervalls zugrunde gelegt werden, bleibt dem Risikomanagement überlassen. Es gilt zu bedenken, dass eine zu geringe Anzahl von Szenarien zu Ungenauigkeiten führen kann. Eine Berechnung dieser Art ist nicht begrenzt auf Cash Flows, sondern kann auch durch Zahlungsströme anderer Art simuliert werden (z.B. EaR).

Als einfaches Beispiel dieser Methode für ein EaR dient ein Schmuckunternehmen, das regelmäßig Gold für seine Produktionsstätte in den USA ankauft. Es kauft den Rohstoff in der Währung USD, stellt Schmuck her und verkauft diesen wieder in den USA. Das Unternehmen möchte eine Risikoplanung anstellen. Die folgenden Parameter werden zugrunde gelegt: Der monatliche Einkaufspreis des Golds beträgt nominal 100.000 USD, der Verkaufspreis einer Uhr liegt bei 150 USD. Der prognostizierte monatliche Absatz sind 1.000 Uhren. Der Erwartungswert für den Gewinn pro Uhr liegt bei 50 USD, der Erwartungswert für den monatlichen Unternehmensgewinn beträgt 50.000 USD. Die Simulation der Zahlungsströme des Risikomanagements ergibt, dass der Gewinn innerhalb eines Konfidenzintervalls von 95% und einer Laufzeit von 6 Monaten mindestens 84.000 USD beträgt. Der EaR als unerwartete Abweichung vom Erwartungswert errechnet sich aus der Subtraktion des Erwartungswertes vom minimalen Gewinn. Die EaR beträgt somit 100.000 USD – 84.000 USD = 16.000 USD.

Ein Vergleich der Risikoberechnung durch die Methoden des VaR und CFaR oder EaR zeigt, dass keine von beiden ausreicht, um ein komplettes Unternehmensrisiko abzubilden. Hinzu kommt eine deutliche Unterscheidung in Hinsicht auf das Risikoprofil, das bestimmt werden soll. Die Methode, Risiken in industriellen Unternehmen ausschließlich über den VaR zu messen, ist keinesfalls ausreichend. Der Ansatz, Risiken zu bestimmten Zeitpunkten festzustellen, ist für Unternehmen weniger relevant. Feste Zahlungstermine bilden eine Ausnahme. Das Bestreben muss die Feststellung zukünftiger Änderungen des Unternehmenswertes sein. Für diesen Ansatz ist eine Cash Flow-Berechnung für eine Periode empfehlenswert.[148]

Festzuhalten bleibt, dass es keine richtige oder falsche Methode der Bewertung von Risiken gibt. Die passende Methode ist abhängig von der Frage, welches unternehmerische Risiko bewertet werden soll. Das Ziel ist eine möglichst genaue Einschätzung aller Risiken, wobei jedoch unterschiedliche Aspekte Berücksichtigung finden sollten. Ein angemessenes Kosten-Nutzen-Verhältnis muss genauso im Vordergrund stehen wie eine zukünftige Ausrichtung des Unternehmens hinsichtlich des Chance-Risiko-Profils. Eine Fokussierung auf Risiken darf nicht zulasten der Chancen unternehmerischen Handelns gehen. Begrenzt geeignet ist

[147] Vgl. WIEDEMANN/HAGER (2003), S. 3.
[148] Vgl. HAGER (2004).

das Ziel einer Risikobewertung über einen langen Zeithorizont. Je langfristiger Risiken bewertet werden, desto ungenauer wird das Ergebnis.[149]

4.3.3 Risikosteuerung

Erklärungsansätze einer adäquaten unternehmerischen Risikosteuerung sind in der einschlägigen Literatur viele zu finden. Sie sind allesamt sehr allgemein formuliert. Ihnen fehlt ein direkter Bezug zu individuellen Unternehmen. Dieser Bezug sollte bei Klärung der Frage nach Variationen der Risikosteuerung allerdings unbedingt Berücksichtigung finden. Jedes Unternehmen ist sehr spezifisch. Allgemeingültige Aussagen auf ein Unternehmen zu übertragen ist nicht möglich. Der Risikosteuerung eines Risikomanagements eine Wertigkeit zukommen zu lassen, ist im Rahmen der Prozesskette wieder einmal Aufgabe der Unternehmensleitung. Sie vergibt durch ihre Unternehmenspolitik Handlungsbefugnisse bzw. -anweisungen. Existiert in einem Unternehmen eine Institution, die als Aufgabe die Überwachung der Unternehmensleitung hat (z.B. in Form eines Aufsichtsrats in einer GmbH oder Aktiengesellschaft), ist auch sie in den Prozess eines Risikomanagements integriert. Die Gestaltungsmöglichkeiten sind individuell, das Spektrum der Aufgaben eines Kontrollgremiums geht häufig über das einer reinen Überwachung hinaus. Ein Kontrollgremium ist beispielsweise in den Prozess der Schaffung einer Risikokultur einzubeziehen.[150]
Die Risikosteuerung unterscheidet primäre und sekundäre Ziele. Primäre Ziele sind sowohl die Existenzsicherung eines Unternehmens als auch die Gewinnerzielungsabsicht.[151] Nach BRAUN[152] müssen diese Ziele jedoch erweitert werden. Da die Vermeidung von Risiken einhergeht mit der Existenzsicherung eines Unternehmens, ist deren Steuerung ebenso als ein primäres unternehmerisches Grundziel zu betrachten. Somit stellt er ihre weitreichende Bedeutung heraus. Des Weiteren erkennt BRAUN[153] einen direkten Zusammenhang zwischen unternehmerischer Planung und Risikosteuerung. Ein umfassendes Planungssystem sei ein wesentliches Element der Unternehmensführung und unterstützt die Unternehmensleitung bei der strategischen, taktischen und operativen Planung.[154] Auch wenn die Planziele nicht immer klar voneinander zu trennen sind[155], kann das Risikomanagement gemäß dieser Planung im Unternehmen positioniert werden. Handlungen, die sich für das Risikomanagement aus einer solchen Planung ableiten lassen, sind streng mit der Unternehmensführung abzustimmen.[156]

---

[149] Vgl. FIEGE (2006), S. 183 f.
[150] Vgl. KPMG (2009), S. 29.
[151] Vgl. HEINEN (1966), S. 59 ff.
[152] Vgl. BRAUN (1979), S. 25.
[153] Vgl. BRAUN (1979), S. 25.
[154] Vgl. BRAUN (1979), S. 25 ff. in enger Verbindung zu WILD (1974), S. 153 ff.
[155] Vgl. FIEGE (2006), S. 187.
[156] Vgl. GEBHARDT/MANSCH (2001), S. 156 ff.

Eine besondere Bedeutung innerhalb der Steuerung von Risiken kommt der Informationsbasis zu. Ein Berichtssystem muss in der Lage sein, das „Management mit entscheidungsrelevanten Informationen zu versorgen“[157], wobei der Informationsbedarf innerhalb eines Unternehmens unterschiedlich hoch sein kann. Während einzelne Risiken für die Unternehmensführung weniger wichtig sind, mögen sie für Abteilungsleiter von viel größerem Interesse sein. Ein modernes Informationssystem ist flexibel einsetzbar, um alle Adressaten adäquat mit Informationen versorgen zu können.[158]

Als Ergebnis dieser Einführung bleibt festzuhalten, dass die Risikosteuerung im Prozess des Risikomanagements eine wichtige Rolle einnimmt. Geklärt ist nicht, welche Risikostrategien und Steuerungsinstrumente einem Unternehmen zur Verfügung stehen, um die analysierten Risiken zu beeinflussen. Die folgenden Abschnitte verdeutlichen die Zusammenhänge einer möglichen Aufstellung unter Bezug auf die Abbildung 11. Der Fokus der folgenden Systematisierung liegt auf der Risikostrategie der Risikoüberwälzung/ -kompensation. Die Analyse dieser Strategie ist ein wesentlicher Teilaspekt und mit dem Themenbereich der Termingeschäfte ein Schwerpunkt in dieser Studie.

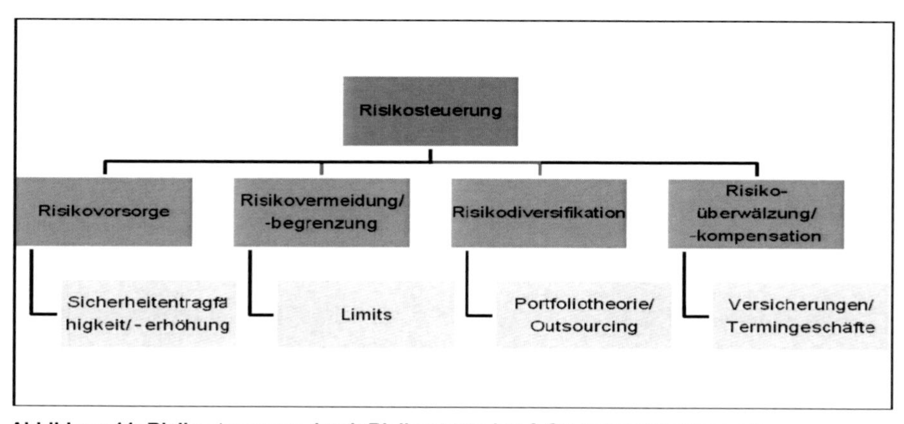

Abbildung 11: Risikosteuerung durch Risikostrategien & Steuerungsinstrumente.
[Quelle: Eigene Darstellung, in Anlehnung an WOLKE (2008), S. 79].

4.3.3.1 Risikovorsorge

Einem Unternehmen steht es frei, Risiken selbst zu tragen. Das Schadenspotenzial verbleibt im Unternehmen und ist abhängig von der Fähigkeit der finanziellen Deckung des Unternehmens.[159] Im Falle eines Zahlungsausfalls dient sie dem Unternehmen als Risikopuffer. Sie kann auf unterschiedliche Weise einen möglichen Zahlungsausfall verhindern. Das Ziel

[157] Vgl. GEBHARDT/MANSCH (2001), S. 160.
[158] Vgl. GEBHARDT/MANSCH (2001), S. 160 ff.
[159] Vgl. NGUYEN (2008), S. 94.

ist eine Entscheidung über die grundsätzliche Vorsorge. Die Möglichkeiten bestehen darin, dem Unternehmen durch eine Sicherheitenerhöhung eine angemessene Kapitalbasis zu verschaffen. Zum einen gibt es die Methode der Eigenkapitalerhöhung. Ausreichend Eigenkapital ist eine valide finanzielle Vorsorge für Risiken aller Art, doch die Umsetzung gestaltet sich schwer. Eine Eigenkapitalerhöhung dient i.d.R. eher einer Investition als einer Risikovorsorge. Zum anderen sind Gewinnrückstellungen eine weitere Alternative. Auch wenn sie weniger zur Abdeckung eines allgemeinen als vielmehr eines individuellen Risikos dienen, sind sie in die Gewinnrücklagen zur allgemeinen Vorsorge einstellbar. Weiterhin dienen stille Reserven der Risikovorsorge. Trotz des Nachteils, üblicherweise monetär nicht fix bewertet zu sein, entsprechen sie dem Nutzen der Bereitstellung von Kapital.[160]

4.3.3.2 Risikovermeidung/ -begrenzung

Eine vollkommene Vermeidung aller Risiken ist nicht möglich. Die Nutzung von Chancen ist immer mit dem Eingehen von Risiken verbunden. Der Wunsch einer Unternehmensführung ist es nicht, allen Risiken auszuweichen. Trotzdem kann die Vermeidung einzelner Risiken im Zuge eines ungünstigen Chance-Risiko-Profils sinnvoll sein, sofern sie für ein Unternehmen kein bestandsgefährdendes Risiko sind. Ein erfolgreiches und gewinnorientiertes Wirtschaften ist nur unter Einschaltung von Risiken durchführbar.[161] Aus diesem Grund ist die deutlich flexiblere Risikobegrenzung zu bevorzugen. Unter gleichzeitiger Wahrung der Chancen versucht sie, die Risiken einzuschränken.[162] Eine Möglichkeit dies zu erreichen, ist das Setzen von Limits. Bei Finanzpositionen bieten sich beispielsweise Nominal- oder Stop-Loss-Limits an.[163]

4.3.3.3 Risikodiversifikation

Risikodiversifikation hat als Grundlage das Prinzip der Portfoliotheorie. Kurz ausgedrückt besagt diese, dass die Volatilität eines Gesamtrisikos häufig geringer ist als die Volatilität aller individuellen Einzelrisiken. Zusätzlich ist die Korrelation der Einzelrisiken zu beachten. Je geringer die Korrelation, desto diversifizierter ist das Gesamtrisiko durch die sehr breite Streuung der Einzelrisiken. Beispielsweise kann die Verlagerung der Produktionsstätten in viele Länder politische Risiken oder die Streuung in der Herstellung von Produkten Produktionsrisiken mindern.[164] Eine Berücksichtigung aggregierter Einzelrisiken kann zu einem besseren Gewinn-Verlust-Profil führen, wenn sich die aggregierten Gewinnchancen in Relation weniger verringern.[165] Als weiteres Prinzip der Risikodiversifikation dient die Verlagerung von Risiken aus dem Unternehmen. Einzelne Risiken werden aus dem Risikoprofil des Unter-

---

[160] Vgl. WOLKE (2008), S. 80.
[161] Vgl. KRIEG (1978), S. 536.
[162] Vgl. FASSE (1995), S. 88.
[163] Vgl. WOLKE (2008), S. 81 f.
[164] Vgl. ROMEIKE/HAGER (2009), S. 164.
[165] Vgl. WOLKE (2008), S. 83.

nehmens entfernt und durch den Einkauf der Dienstleistungen als externes Unternehmen weiterhin genutzt. Die bekannteste und gebräuchlichste Form ist das Outsourcing. Ein Unternehmensbereich, häufig die EDV-Abteilung, wird verkauft, um als Dienstleistung anschließend wieder genutzt zu werden. Auf diesem Weg entsteht ein neues Chance-Risiko-Profil, dessen Nutzen individuell geprüft werden muss.[166] Dem Unternehmen entstehen keine Fixkosten mehr. Der Einkauf der Dienstleistungen dieser Abteilung erfolgt zu marktgerechten Konditionen.

4.3.3.4 Risikoüberwälzung/-kompensation

Die unternehmerischen Mittel, Risiken zu überwälzen, bestehen vorrangig aus Modellen mit bzw. ohne Versicherungsschutz. Grundsätzlich bedeutet eine Umwälzung von Risiken, sie nicht zu verändern. Sie werden lediglich aus dem Unternehmen heraus an Dritte übergeben. Bei Versicherungen erfolgt eine Prämienzahlung für den Fall des Eintritts eines Schadens. Diese kommt ggf. gemäß der spezifischen Versicherung für den Schaden auf. Diese Form der Überwälzung gilt als die sicherste, weil alle Details strikt geregelt sind. Die Unternehmensleitung kann mit einer sicheren Kalkulationsgrundlage arbeiten. Der Preis dieser Sicherheit ist ein hoher Prämienaufwand. Die Ausgestaltung der Versicherungen ist groß. Es reicht von Sachversicherungen über Haftpflichtversicherungen bis hin zu Ertragsversicherungen. Letztere dienen u.a. zur Kompensation von Verlusten bei Wegfall von Betriebsgewinnen durch Ausfall von Maschinen.[167] Finanzpositionen können durch Versicherungen nicht abgedeckt werden. Zu diesem Zweck ist die Nutzung von Termingeschäften erforderlich[168] (s. unten).

Modelle der Risikoüberwälzung außerhalb der Nutzung von Versicherungsgesellschaften sind das Factoring, Leasing oder Franchising.[169] Ein Beispiel ist das Sell-and-lease-back-Verfahren. Ein Unternehmen verkauft Bestandsimmobilien zur Selbstnutzung. Ein Verkauf dieser Immobilien befreit das Unternehmen vom Risiko und der Pflicht, einen potenziellen Wertverlust bilanziell tragen zu müssen. Gleichzeitig sichert es sich durch einen Leasingvertrag weiterhin die zukünftige Nutzung der Immobilie.

Eine weitere Strategie wird insbesondere im Bereich der Rohstoffe genutzt. Die Überwälzung der Rohstoffkosten auf den Kunden wird „Natural Hedge“ genannt. Diese Art Absicherung ist allerdings mit einem Marktrisiko versehen. Die zusätzlichen Kosten, die auf Kunden übertragen werden, werden nicht mehr akzeptiert. Konkurrenzunternehmen, die Absicherungsgeschäfte tätigen, werden bevorzugt. Darüber hinaus haben Konkurrenzunternehmen durch

---

[166] Vgl. ROMEIKE/HAGER (2009), S. 163.
[167] Vgl. NGUYEN (2009), S. 108.
[168] Vgl. WOLKE (2008), S. 88 f.
[169] Vgl. WOLKE (2008), S. 85.

ihre Absicherung den Vorteil, eine Kostenkalkulation vornehmen zu können. Dies ist bei der Überwälzungsstrategie nicht möglich.[170]

Die Risikokompensation nutzt das breite Spektrum der Termingeschäfte (Derivate). „Bei der Risikokompensation wird gegen die Risiko verursachenden Vermögenspositionen eine zusätzliche Finanzposition [Finanztitel] gestellt [gekauft], die mögliche Verluste der ursprünglichen Vermögensposition durch gleichzeitige Gewinne kompensiert."[171]

Termingeschäfte können in zwei Gattungen unterschieden werden. Besteht für die beteiligten Parteien der Zwang zur Erfüllung des Geschäfts, handelt es sich um unbedingte Termingeschäfte (Futures, Forwards und Swaps). Bei bedingten Termingeschäften (Optionen) besteht für mindestens eine Partei ein Wahlrecht auf die Erfüllung eines Vertrags.[172]

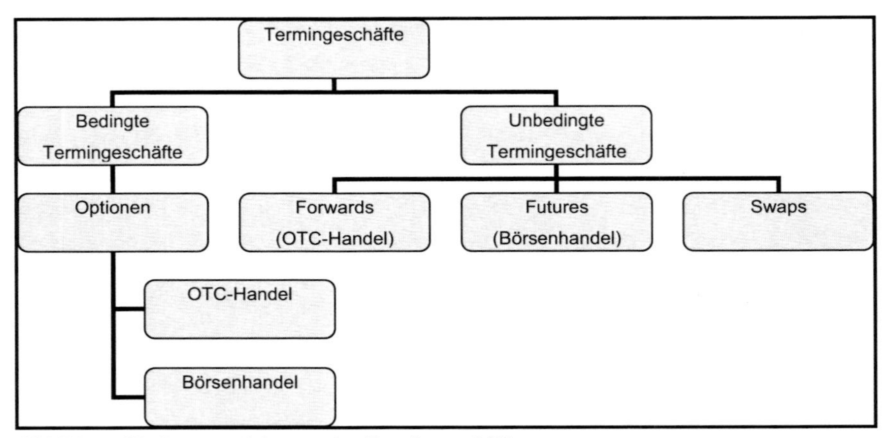

Abbildung 12: Systematisierung der Termingeschäfte.

[Quelle: Eigene Darstellung].

Futures und Forwards ähneln sich. Beide sind Käufe bzw. Verkäufe auf Termin. Per Definition „verpflichtet sich der Käufer (= Long-Hedge-Position) [eines Futures oder eines Forwards] eine vereinbarte Menge des Basistitels (=Underlying) vom Verkäufer (=Short-Hedge-Position) zum Terminkurs (= Future-Kurs) zu kaufen. Der Verkäufer verpflichtet sich gleichzeitig, umgekehrt die vereinbarte Menge des Basistitels zum Terminkurs zu liefern..."[173].

[170] Vgl. KPMG (2007), S. 14 ff.
[171] Vgl. WOLKE (2008), S. 85.
[172] Vgl. BEIKE/BARCKOW (2002), S. 3 f.
[173] Vgl. WOLKE (2008), S. 96.

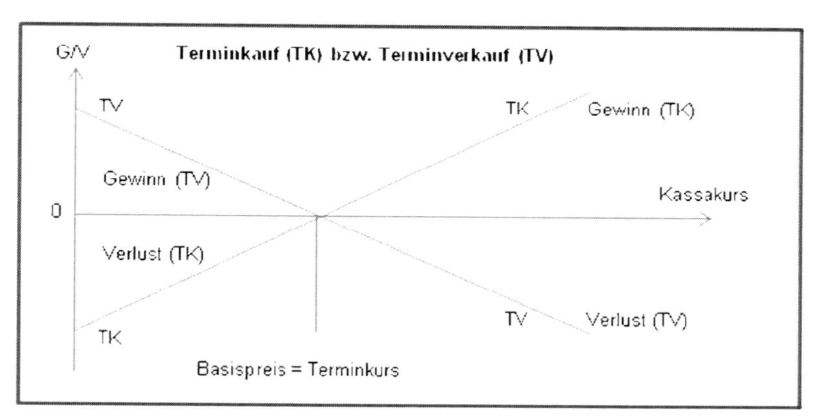

Abbildung 13: G/V-Profil bei Terminkauf bzw. Terminverkauf.
[Quelle: Eigene Darstellung].

Trotzdem existieren zwischen Futures und Forwards wesentliche Unterschiede.
Futures sind an Terminbörsen jederzeit handelbar. Abhängig vom Underlying[174] sind sie, bedingt durch ihre einfache Ausgestaltung, sehr fungibel und mit einer festen Laufzeit versehen. Ihre Ausstattungsmerkmale sind standardisiert und unterliegen einer Börsenaufsicht.[175] Geschäfte mit Futures sind normalerweise nicht auf die Erfüllung der zugrunde liegenden Verträge ausgelegt. Vielmehr steht es jedem Marktteilnehmer frei, seine Position durch ein entsprechendes Gegengeschäft glattzustellen.[176] Eine offene Position eines Futures in Form eines Kaufs (Future long) wird durch einen Verkauf (Future short) geschlossen und umgekehrt. Der Handel mit Futures ist aus Sicherheitsgründen mit einer Ausfallsicherheit zu hinterlegen. Diese sogenannte Margin vermindert das Ausfallrisiko eines Marktteilnehmers. Die Märkte der Futures sind die Nachfolger der Forwards und wurden zur Regelung und Standardisierung des Geschäftsgebarens der Forwards eingeführt. Die Geschichte der Forwards begann bereits im 17. Jahrhundert.[177] Forwards werden nicht an einem geregelten Markt gehandelt. Die Geschäfte zwischen Counterparts werden OTC gehandelt. OTC steht für over-the-counter und bedeutet, dass kein standardisierter Handel mit festen Ausstattungsmerkmalen oder –modalitäten existiert. Dieser ungeregelte Handel zwischen zwei Parteien setzt eine angemessene Bonität und viel Vertrauen voraus. Durch fehlende Sicherheitsleistungen wirken sich Ausfälle vertraglich fixierter Terminkäufe oder –verkäufe mit Forwards negativ auf ein Unternehmen aus. Aus diesem Grund sind in diesem Marktsegment fast ausschließlich institutionelle Marktteilnehmer aktiv. Die Handelspartner richten die Verträge auf

[174] Das zugrunde liegende Handelsobjekt nennt sich Underlying oder Basisinstrument (z.B. Währungen oder Rohstoffe).
[175] Vgl. BEIKE/BARCKOW (2002), S. 8 f.
[176] Vgl. PERRIDON/STEINER (2007), S. 302.
[177] Vgl. ELLER/SPINDLER (1994), S. 65.

individuellen Bedarf aus. Preise, Laufzeiten oder Ware sind frei wählbar. Die Erfüllung der Vertragsinhalte ist im Gegensatz zu denen der Future-Geschäfte gewünscht. Die Einhaltung der Verträge ist verpflichtend. Eine Auflösung ist ausschließlich im gegenseitigen Einverständnis möglich.[178]

Ein Motiv für den Handel mit Futures oder Forwards ist neben Arbitrage- und Spekulationsgeschäften, die in dieser Studie keine weitere Beachtung finden, die Möglichkeit der Absicherung von Marktpreisrisiken, auch Hedging genannt.[179] Unternehmensinterne Zins-, Währungs- und Rohstoffrisiken lassen sich durch den Handel auf den standardisierten Future- und individuellen Forward-Märkten beeinflussen. Die Strategie der Risikosteuerung ist die Eröffnung eines Futures[180] entgegen bereits bestehender oder zukünftiger Grundgeschäfte. Kursverluste des Basisinstruments werden durch das symmetrische Gewinn-Verlust-Profil von Futures zu ihrem Basisinstrument durch Kursgewinne des Futures kompensiert. Ein Future ermöglicht dem Marktteilnehmer, ein Underlying entweder zum aktuellen oder zu einem späteren Zeitpunkt zu kaufen (verkaufen), wobei er den Preis bereits in der Gegenwart festlegt. Ein Risikomanagement kann somit bereits in der Gegenwart den Kauf- oder Verkaufspreis eines Underlying bestimmen. Die Motive eines Käufers sind, Future zum aktuellen Terminkurs zu kaufen, an Kurssteigerungen zu partizipieren und ihn später mit einem Gewinn wieder zu verkaufen. Das Motiv eines Verkäufers ist entsprechend, den Future in der Zukunft zu einem geringeren Kurs wieder zurückzukaufen (s. Abbildung 13).

Diese Form der Kurssicherung ist nicht kostenlos. Der Kurs des Futures ist zum gegenwärtigen Zeitpunkt immer höher als der des Underlyings am Markt (Kassakurs). Je kleiner der Abstand zum Laufzeitende des Futurekontraktes wird, desto geringer ist der Aufschlag zum Marktpreis.[181] Die Preisbildung von Futures ergibt sich aus dem aktuellen Kurs des Basisinstruments zzgl. der Nettofinanzierungskosten/Bestandshaltekosten (cost-of-carry). Dieses sind potenzielle Kosten abzüglich der Finanzierungserträge.[182] Zur Verdeutlichung zwei Beispiele: Im ersten Beispiel wird ein Basisinstrument spekulativ unter der Hypothese fallender Preise zum aktuellen Kurs verkauft, um es zum Laufzeitende des Futures günstiger zurückzukaufen. Das Kapital, welches durch den Verkauf des Basisinstruments zur Verfügung steht, wird anschließend bis zum Zeitpunkt des Kaufs des Basisinstruments zu einem risikolosen Zins angelegt. Dieser risikolose Zins abzüglich potenzieller Zinskosten ist die Differenz zwischen dem Kurs des Futures und dem des Basisinstruments. Im zweiten Beispiel kauft

---

[178] Vgl. PERRIDON/STEINER (2007), S. 301.
[179] Zu weiteren Informationen über Arbitrage- und Spekulationsgeschäfte s. PERRIDON/STEINER (2007), S. 305 f.
[180] Der Future wird im Folgenden stellvertretend sowohl für Futures als auch Forwards genutzt, weil das Prinzip beider Marktinstrumente identisch ist.
[181] Vgl. WOLKE (2008), S. 96 ff.
[182] Vgl. PERRIDON/STEINER (2007), S. 304 f.

ein Marktteilnehmer einen Rohstoff zum aktuellen Marktpreis statt auf Termin. Die entstehenden Lager- und Zinskosten gegenüber dem Terminkauf sind die cost-of-carry.[183]

Weitere unbedingte Termingeschäfte sind Swaps. Sie zählen nur zu den Termingeschäften, weil die Konditionen für die Transaktion bereits vorab beschlossen sind. Swaps sind darüber hinaus keine Termingeschäfte, weil sie eigenständig und an keine originären Geschäfte gebunden sind.[184] Ähnlich den Forwards existieren für sie keine standardisierten und geregelten Märkte. Es handelt sich um OTC-Geschäfte zwischen zwei oder mehreren Handelspartnern, die keinen fixen Regeln unterliegen. Grundlage dieser Art Termingeschäfte ist das Prinzip des komparativen Kostenvorteils. Bei Swaps handelt es sich um Tauschgeschäfte, die auf unterschiedlichen Finanz- oder Gütermärkten auf gegensätzliche Markteinschätzungen oder unterschiedliche Vorteile in Basisinstrumenten der einzelnen Parteien zurückzuführen sind.[185] Sie beinhalten einen in der Zukunft stattfindenden und vorab vereinbarten Cash Flow-Tausch. Beispielsweise werden fixe Cash Flows gegen variable Cash Flows getauscht. Der Vorteil beider Vertragspartner ist individuell, weil der eine in der Zukunft variable und der andere fixe Zahlungsein- bzw. ausgänge benötigt. Die gegenseitig entstehenden Kostenvorteile durch den Tausch unterschiedlicher Cash Flows sind der große Vorteil von Swap-Geschäften (s. Beispiel in Kapitel 5.1.1).

Die bedingten Termingeschäfte werden als Optionsgeschäfte gehandelt. Sie beinhalten für den Käufer einer Option das Recht, ein bestimmtes Basisinstrument innerhalb einer festgelegten Frist und mit einem festgelegten Preis (Strikepreis) von dem Verkäufer der Option zu kaufen oder es ihm zu verkaufen. Häufig kann auch eine Ausgleichszahlung (cash settlement) die Lieferung ersetzen. Für dieses Recht bezahlt der Käufer eine Optionsprämie an den Verkäufer (Stillhalter). Die Kaufoption nennt sich Call, die Verkaufsoption nennt sich Put. Der Verkäufer der Option ist von der Nutzung und Ausübung des Rechts abhängig. Er verpflichtet sich zur Lieferung des Basisinstruments bei einem verkauften Call und zur Abnahme bei einem verkauften Put.[186] Der Handel von Optionen an Terminbörsen ist standardisiert. Trotzdem existiert auch in diesem Marktsegment ein OTC-Markt. Optionen haben ganzjährig unterschiedliche Laufzeiten, die einmal im Monat zu definierten Terminen, den sogenannten Verfallstagen, auslaufen. Das Recht auf eine Ausübung verfällt spätestens an diesen Verfallstagen. Bei Optionen amerikanischen Typs kann das Recht des Optionsgeschäfts jeder-

---

[183] Auf eine Unterscheidung zwischen Basisinstrumenten als Investitionsgut oder Konsumgut und der daraus entstehenden Situation von Contango-Aufschlägen bzw. Backwardation-Abschlägen bei Rollgeschäften wird an dieser Stelle verzichtet. Eine detaillierte Erläuterung ist dem Werk von HULL (2009) zu entnehmen.

[184] Vgl. BEIKE/BARCKOW (2002), S. 36.

[185] Vgl. WÖHE (1996), S. 862.

[186] Vgl. WÖHE (1996), S. 863.

zeit ausgeübt werden. Bei der europäischen Variante ist die Ausübung auf das Laufzeitende begrenzt.[187] Der Handel bedingter Termingeschäfte dient, analog der unbedingten Termingeschäfte, neben der Risikosteuerung weiteren Motiven wie z.B. Spekulationsgeschäften.
Der Preis einer Option setzt sich aus zwei unterschiedlichen Parametern zusammen. Der Wert, der bei direkter Ausübung einen Gewinn für den Käufer einer Option nach sich zieht, ist der innere Wert. Der Zeitwert ist die Differenz zwischen dem inneren Wert und dem aktuellen Preis der Option.[188] Den Zeitwert erhält der Verkäufer einer Option vom Käufer als Entgelt für den Verkauf des Ausübungsrechts. Er setzt sich aus verschiedenen und teils sehr komplexen Einflussgrößen wie dem risikolosen Zinssatz, der Volatilität oder der Laufzeit des Basisinstruments zusammen und spiegelt den Erwartungswert aller Marktteilnehmer wider.[189] Optionen können als Steuerungsinstrument für Risikomanagement geeignet sein. Unterschiedliche Strategien sind möglich.
Der Erwerb eines Calls (s. Abbildung 14) sichert in Erwartung steigender Preise durch die Zahlung einer Prämie das Recht, den Preis eines Underlyings (z.B. Rohstoff) bereits heute für einen Zeitpunkt in der Zukunft bzw. einen Zeitraum (je nach amerikanischer oder europäischer Ausgestaltung) zu sichern. Sofern der Preis des Underlyings sowohl den Basispreis als auch die eingesetzte Optionsprämie übersteigt, ist das Geschäft rentabel und das Recht auf Ausübung des Calls wird ausgeübt. Ist der Preis des Underlyings zum Verfall niedriger, verfällt die ursprünglich gezahlte Prämie und das Underlying kann über den Kassakurs günstiger eingekauft werden. Das Recht, die Option nur auszuüben wenn sie vorteilhaft für den Optionsinhaber ist, tritt in Kraft.[190]

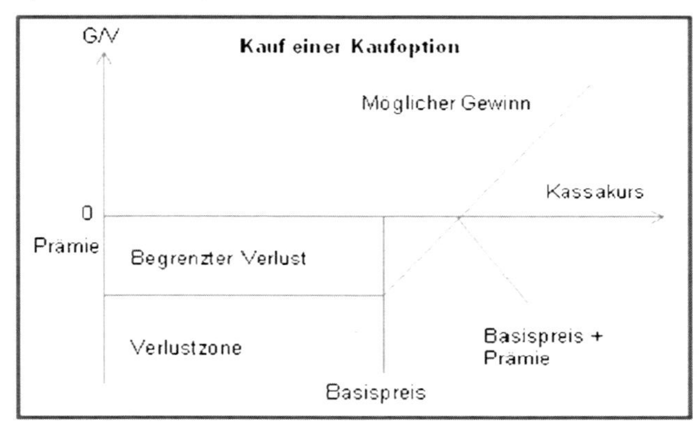

Abbildung 14: Schaubild „Kauf einer Kaufoption".
[Quelle: Eigene Darstellung, in Anlehnung an PERRIDON/STEINER (2007), S. 317.].

---

[187] Vgl. PERRIDON/STEINER (2007), S. 316.
[188] Vgl. ELLER/SPINDLER (1994), S. 242.
[189] Vgl. WOLKE (2008), S. 95.
[190] Vgl. ELLER/SPINDLER (1994), S. 241.

Der Kauf eines Puts (s. Abbildung 15) verläuft dem eines Calls entgegengesetzt. Unter der Annahme fallender Preise und dem Wissen, das Basisinstrument zu einem bestimmten Zeitpunkt verkaufen zu wollen, wird sich durch die Zahlung einer Optionsprämie das Recht erkauft, das Basisinstrument zu einem festen Kurs zu verkaufen. Tritt die Annahme ein, ist das Geschäft rentabel, sofern der Preis des Basisinstruments unter den des Basispreises und der Optionsprämie fällt. Andererseits verfällt das Verkaufsrecht und das Basisinstrument wird über den Kassamarkt verkauft.

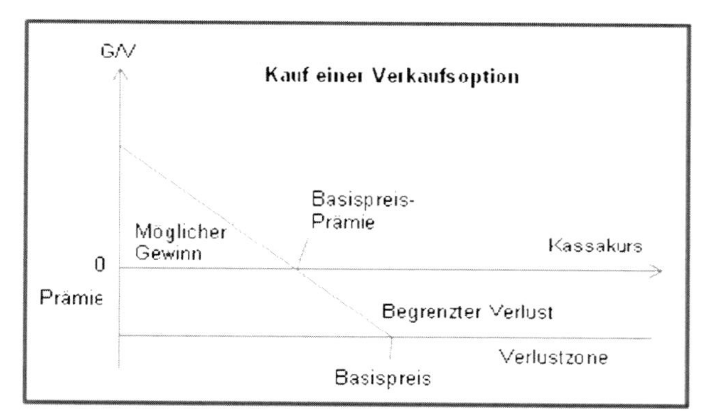

Abbildung 15: Schaubild „Kauf einer Verkaufsoption".
[Quelle: Eigene Darstellung, in Anlehnung an PERRIDON/STEINER (2007), S. 317.].

Durch den Kauf von Optionen erwerben Marktteilnehmer das Recht, ein zugrunde liegendes Basisinstrument zu kaufen oder zu verkaufen. Dieses Recht ermöglicht eine sichere Kalkulationsgröße durch Entscheidungsfreiheit. Der potenzielle Verlust dieser Geschäfte ist bekannt und auf die Optionsprämie beschränkt. Das Risiko dieser Transaktion ist überschaubar. Ferner sind die Käufe von Optionen gut nachvollziehbar und verständlich. In Anbetracht dessen eignen sie sich sehr für die Steuerung von Marktpreisrisiken durch das Risikomanagement eines Unternehmens.

Durch Verkäufe von Optionen werden Marktteilnehmer zum Stillhalter. Sie gehen die Verpflichtung ein, auf Wunsch ein vereinbartes Geschäft zu tätigen. Diese Verpflichtung lassen sie sich durch die Optionsprämie vergüten (s. Anlagen 5 und 6).[191]
Der Verkauf von Puts unterliegt der Annahme gleichbleibender oder steigender Preise. Das Risiko, der Verpflichtung einer Lieferung von Underlyings bzw. einer Ausgleichszahlung bei fallenden Kursen nachkommen zu müssen, wird durch ein Entgelt vergütet. Das Chance-

[191] Vgl. WOLKE (2008), S. 89.

Risiko-Profil ist vor dem Hintergrund einer Risikosteuerung nicht hilfreich. Der Verkauf von Verkaufsoptionen entspricht eher Spekulations- als Steuerungsgeschäften.
Dem Verkauf von Calls liegt die Erwartung stetiger oder fallender Preise zugrunde. Als Steuerungsinstrument kann ein derartiges Geschäft fallende Preise durch den Erhalt der Stillhalterprämie kompensieren. Eine adäquate Steuerung unternehmerischer Risiken ist allerdings auch in diesem Optionsmodell nicht möglich. Dem Wunsch, fallende Preise durch eine Prämie vollständig zu kompensieren, kann nicht entsprochen werden. Ferner besteht im Fall steigender Preise die Möglichkeit, der Pflicht des Verkaufs eines Underlyings bzw. einer Ausgleichszahlung ungewollt nachkommen zu müssen.[192] Festzuhalten bleibt, dass Stillhalterpositionen prinzipiell ungeeignet als Steuerungsinstrumente für Unternehmen sind. Ihre weitere Betrachtung in dieser Studie entfällt.

4.3.4 Risikokontrolle

Die Schritte der Identifikation, Bewertung und Steuerung aller unternehmerischen Risiken wurden in den vergangenen Abschnitten vorgestellt. Die Funktionalität dieser drei zusammenhängenden Glieder der Prozesskette wird durch die Beobachtung und Kontrolle unter Vorgabe der Geschäftsleitung durch eine separate Instanz vorgenommen. Dieses Risikocontrolling dient einerseits der regelmäßigen Überwachung aller einmal erkannten Risiken. Ein erneutes Auftreten sollte durch den Ablauf der Prozesskette des Risikomanagements bis hin zum Controlling nicht mehr möglich sein. Dabei ist es wichtig, nicht nur Gesamtrisiken in die Betrachtung aufzunehmen. Die Überwachung der Aggregation aller Einzelrisiken auf Basis der Risikoidentifikation fällt ebenso in das Ressort des Controllings wie die Berechnung von Korrelationen einzelner Risiken untereinander.[193] Andererseits dient das Risikocontrolling einer regelmäßigen Kontrolle des Frühwarnsystems. Das Eintreten unerwarteter Ereignisse in einem Unternehmen und daraus entstehender Risiken ist theoretisch jederzeit möglich. Ein gut geführtes Controlling ist in der Lage, neue Risikosituationen mit Hilfe eines individuellen Frühwarnsystems rechtzeitig zu erkennen.[194] Darüber hinaus ist seine Aufgabe, eine geeignete Koordination innerhalb des Unternehmens vorzunehmen. Unterschiedliche Geschäftsbereiche und unterschiedliche Messmethoden einzelner Risiken machen ein Controlling unentbehrlich.[195] Schließlich obliegt dem Controlling die exakte Dokumentation und Berichterstattung an die Unternehmensleitung.[196] Die Dokumentation sollte alle Fakten einheitlich, vollständig und möglichst genau sammeln, damit alle wesentlichen Daten rechtzeitig

[192] Vgl. WOLKE (2008), S. 91.
[193] Vgl. WOLKE (2008), S. 249 f.
[194] Vgl. BRAUN (1979), S. 43.
[195] Vgl. WOLKE (2008), S. 240.
[196] Vgl. GEBHARDT/MANSCH (2001), S. 176.

an die Unternehmensleitung übermittelt werden und ggf. Maßnahmen eingeleitet werden können.[197]

Abhängig von der Unternehmensgröße existieren unterschiedliche Variationen der Eingliederung eines Risikocontrollings in ein Unternehmen. Bei Unternehmen des Mittelstands hat sich das Integrationskonzept bewährt. Das Controlling wird durch eine überschaubare Größe des Unternehmens im Kreis der Unternehmensleitung mit verantwortet. Große Unternehmen nutzen das Separationskonzept. Das Risikocontrolling ist eine eigene Stabsstelle und trägt die Verantwortung der kontrollierenden Aufgaben selbst.[198] Um keinerlei Konflikte entstehen zu lassen, ist das Controlling im Separationskonzept i.d.R. nicht in das Tagesgeschäft eingebunden. Das Integrationskonzept schließt diese Möglichkeit aus.

Drei Kontrollarten werden unterschieden. Durch die Ergebniskontrolle ist ein Eingriff in Risikopotenziale nicht mehr möglich. Risiken der Vergangenheit werden mit den daraus entstandenen Verlusten verglichen. Die Wirkung prognostizierter Risiken wird den tatsächlich eingetretenen gegenübergestellt. Im Gegensatz zur Ergebniskontrolle ist die Fortschrittskontrolle eine Projektion in die Zukunft. Unter Zuhilfenahme aktueller Prognosen werden beispielsweise durch Erwartungswerte Szenarien entwickelt, die nach Meinung des Controllings voraussichtlich eintreten werden. Das Ergebnis ist nicht zu überschätzen, weil es sich um Zukunftswerte auf Basis unvollständiger Informationen handelt. Der Prämissenkontrolle wird eine ganz besondere Stellung beigemessen. Ihr liegt ein Wird-Ist-Vergleich zugrunde. Die Grundlage zukünftig eintretender Risiken sind aktuelle Vorbedingungen. Eine Änderung der Vorbedingungen birgt das Risiko, das Risikomanagement in der Zukunft zu schwächen oder außer Kraft zu setzen. Eine Kontrolle aller Prämissen ist im Interesse des Unternehmens unausweichlich.[199]

Eine weitere Ausgestaltung unternehmerischer Kontrolle ist die Revision. Ihr Unterschied zum Controlling ist, dass sie prozessunabhängig ist. Ihre Aufgabe besteht nicht in der Planung und Steuerung unternehmensinterner Prozesse[200], sondern in der Prüfung der allgemeinen „Ordnungsmäßigkeit, Rechtmäßigkeit, Zweckmäßigkeit und Wirtschaftlichkeit der übrigen Organisationseinheiten sowie ... [der] Prozessabläufe im Unternehmen“[201]. Ohne Weisungsbefugnisse ausgestattet, kontrolliert sie im Auftrag der Geschäftsleitung. Sie ist kein Bestandteil des täglichen Geschäftsablaufs und kann u.U. auch durch Outsourcing fremdvergeben werden.[202]

---

[197] Vgl. BURGER/BUCHHART (2002), S. 179.
[198] Vgl. WOLKE (2008), S. 241 f.
[199] Vgl. WILD (1974), S. 44.
[200] Vgl. HORVÁTH (2006), S. 748.
[201] Vgl. GEBHARDT/MANSCH (2001), S. 177.
[202] Vgl. GEBHARDT/MANSCH (2001), S. 177.

4.3.5 Schadens- und Verlustbewältigung

Die Verarbeitung eingetretener Schäden oder Verluste des Unternehmens auf Grundlage von Risiken gehört in der wissenschaftlichen Literatur überwiegend nicht mehr zum Prozess des Risikomanagements. BRAUN[203] allerdings erkennt für das Unternehmen den Ansatz, aus Schäden und Verlusten Lehren zu ziehen. Der Aufbau einer funktionierenden organisatorischen Koordination mit entsprechender Handlungsbefugnis steht an erster Stelle. Das Risikomanagement ist die zentrale Abteilung der Schadensaufnahme und –regulierung. Krisenpläne sorgen für eine schnelle Einleitung und Abwicklung von Sofortmaßnahmen. Des Weiteren ist eine nachträgliche Prüfung von potenziellen Fehlern des Risikomanagements im Laufe des Prozesses durchzuführen, um zukünftig Fehler ähnlicher Art vermeiden zu können.

4.4 Unternehmensintegration des Risikomanagements

Die Einbindung eines Risikomanagements in eine Unternehmensstruktur ist individuell. Der wesentliche Aspekt ist die Kompetenzverteilung. Unterschieden wird zwischen einem Risikomanagement, welches durch die Unternehmensspitze geführt und einem Risikomanagement, welches von der Unternehmensspitze bestimmt wird.[204] Die zuletzt vorgestellte Variante wiederum teilt sich auf in zwei Alternativen. Zum einen gibt es das interne Risikomanagement, welches von einer eigenen Abteilung aus mit einem oder mehreren Managern besetzt wird. Im Fokus seiner Arbeit steht das Management der Risiken des Unternehmens. Zum anderen gibt es die externe Alternative. Die Unternehmensleitung entscheidet sich für das Management der Risiken durch einen externen Dienstleister. Meistens bieten sich Großbanken aufgrund ihrer Kompetenz an. Ihr Aufgabenspektrum reicht von der reinen Markteinschätzung bis hin zu Messungen von Marktpreisrisiken, der Entwicklung und Implementierung von Richtlinien oder dem Aufbau eines Berichtswesens.[205]

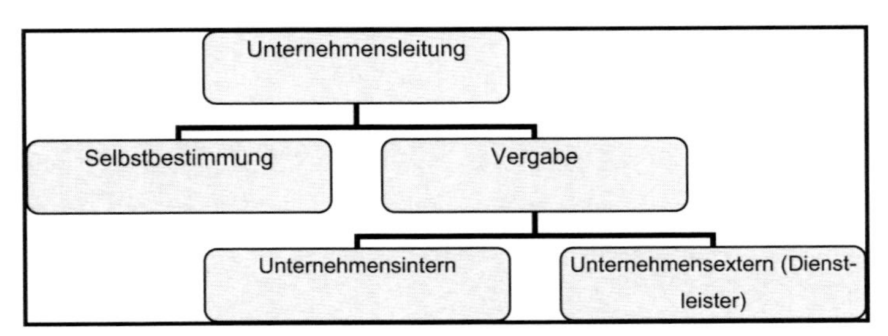

Abbildung 16: Integration eines Risikomanagements in das Unternehmen.
[Quelle: Eigene Darstellung].

[203] Vgl. BRAUN (1979), S. 46 f.
[204] Vgl. WERDER/GRUNDEI (2000), S. 103.
[205] Vgl. HALLER (2008), S. 107 f.

In allen Fällen verbleibt die Verantwortung bei der Unternehmensleitung. Die Wahl ist abhängig von mehreren Aspekten. So ist z.B. die Kapazitätsauslastung von Unternehmensleitungen schnell erreicht. Für eine zentrale Lösung spricht die bereichsübergreifende Sicht. Die Leitung hat eine gesamtunternehmensbezogene Sicht und unternehmerisches Wissen. Eine dezentrale Lösung ist zu bevorzugen, wenn besonders hohe fachliche Anforderungen gestellt werden, die eine Unternehmensspitze nicht leisten kann.[206]
Besonders deutlich wird die Frage nach der Unternehmensgröße bei der internen Arbeitsteilung. Ein zu hoher Arbeitsaufwand erfordert eine Aufteilung der Aufgaben.[207] Dieser Aspekt ist unabhängig von einer zentralen oder dezentralen Führung des Risikomanagements. Die unterschiedlichen Bereiche müssen getrennt werden.[208] GEBHARDT/MANSCH[209] unterscheiden die Bereiche Risikosteuerung (Treasury), Abwicklung und Kontrolle (Back Office), Rechnungswesen, Controlling und Revision. Eine Aufteilung sei aus Sicherheitsgründen auch notwendig, um „den verdeckten Aufbau von Risikopositionen durch einzelne Personen zu verhindern“[210]. Unbedingt erforderlich ist eine Trennung von Risikosteuerung bzw. Handel (Treasury) zu den anderen Abteilungen. Sie sind es, die Positionen auf- oder abbauen und dabei auf potenzielle Fehler kontrolliert werden müssen. Des Weiteren ist eine angemessene Personal-Besetzung in den spezifischen Abteilungen wichtig. Die effektive Arbeit eines Risikomanagements ist abhängig von den Personen, die darin arbeiten.
Die Tätigkeiten der einzelnen Bereiche stellen sich wie folgt dar:[211]

- Das Treasury verantwortet den Handel. Unter Vorgabe der geschäftspolitischen Vorgaben sind die Geschäfte zu handeln und ordnungsgemäß zu dokumentieren.
- Das Back Office kontrolliert das Treasury, wickelt die abgeschlossenen Geschäfte ab und verantwortet den Zahlungsverkehr.
- Das Rechnungswesen greift auf die Zahlen des Back Office zurück und erfasst die Geschäfte des Treasury auf Haupt- oder Nebenbuchkonten
- Die Aufgaben des Controlling und der Revision sind in Kapitel 4.3.4 dargelegt.

In allen Fällen ist die Erstellung eines Handbuchs für das im Unternehmen eingeführte Risikomanagement sinnvoll. Es vermittelt angestrebtes Risikoverhalten, geplante Unternehmensziele, Aufgaben- und Verantwortungsbereiche.[212]

---

[206] Vgl. WERDER (1992), S. 2217 f.
[207] Vgl. WERDER et al. (2002), S. 408.
[208] Vgl. KPMG (1995), S. 79.
[209] Vgl. GEBHARDT/MANSCH (2001), S. 169.
[210] Vgl. GEBHARDT/MANSCH (2001), S. 169.
[211] Vgl. GEBHARDT/MANSCH (2001), S. 169 ff.
[212] Vgl. WOLF/RUNZHEIMER (2003), S. 204.

5. Einflussfaktoren für die Einführung von Risikomanagement

Marktpreisrisiken belasten mittelständische Unternehmen. Hohe Schwankungen an den Devisenmärkten, wirtschaftlich begründete Unsicherheit über Zahlungseingänge, deren Geschäftsabschlüsse lange zurück liegen oder unsichere Planzahlen können Risiken erhöhen.[213] Viele Risiken sind typisch für den Mittelstand. Dabei ist es irrelevant, ob Unternehmen offensichtlich von allen drei Marktpreisrisiken zeitgleich betroffen ist. Fehlende Rohstoff- oder Währungsrisiken schließen z.B. nicht das Zinsrisiko aus. Die Annahme, dass jedes Unternehmen nicht nur Eigenmittel, sondern auch Fremdkapital zur Finanzierung in Anspruch nimmt, greift die Frage nach der Sicherheit von Zinsrisiken auf jeden Fall auf.

Die Betrachtung dieser Gefahren wirft bei der Frage nach einem Risikomanagement mögliche Einflussfaktoren auf die Entscheidung der Unternehmensleitung auf. Dabei geht es einerseits um die Möglichkeiten, die sich KMU bieten, als auch um die unternehmerische Politik. Auf Grundlage der ausführlichen Vorstellung der kleinen und mittelständischen Unternehmen in Kapitel 2, der relevanten Marktpreisrisiken der Zinsen, Währungen und Rohstoffe in den Abschnitten 3.2.3.1 bis 3.2.3.3 und der risikosteuernden Finanzinstrumente in Abschnitt 4.3.3.4 folgt eine unterschiedlich intensive Betrachtung aller Steuerungsinstrumente. Kurze Beispiele runden die Vorstellungen ab. Die Anwendbarkeit von Termingeschäften in Hinblick auf die Beschränkung von Risiken wird deutlich. Eine vollständige Berücksichtigung aller am Finanzmarkt handelbaren Instrumente ist nicht Bestandteil dieser Studie. Viele Produkte des Finanzmarkts aufgrund ihrer Komplexität für Unternehmen der Industrie-, Handels- und Dienstleistungsbranche, insbesondere im Bereich der KMU, keine Alternative dar.

5.1 Möglichkeiten der Risikosteuerung mittels Termingeschäften

5.1.1 Termingeschäfte bei Zinsrisiken

Termingeschäfte bei Zinsanlagen bzw. Zinsfinanzierungen sind zahlreich vorhanden. Die bekanntesten sind Futures, Forward Rate Agreements, Zinsswaps, Optionen auf Zinsterminkontrakte sowie Caps, Floors und Collars (s. Abbildung 17).[214]

---

[213] Vgl. KNOCH (2009), S. 24.
[214] Vgl. SCHÄFER/FRANK (2006), S. 450.

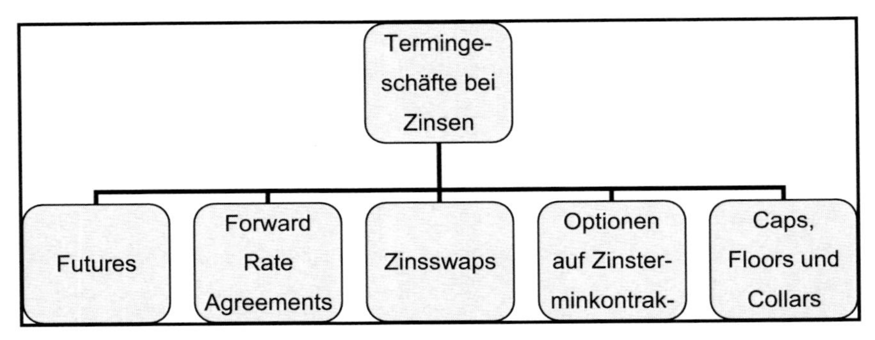

Abbildung 17: Zinstermingeschäfte.
[Quelle: Eigene Darstellung].

Die gebräuchlichste Form von Termingeschäften bei Zinsrisiken in den Sektoren Industrie, Handel und Dienstleistung ist der Zinsswap (Interest Rate Swap).[215] Das Kapitel 4.3.3.4 veranschaulicht das Prinzip eines Swaps im Allgemeinen. Ein Zinsswap unterscheidet zwei Formen. Der Kouponswap tauscht feste gegen variable Zinszahlungen aus. Der Basisswap tauscht variable Zinszahlungen untereinander, so z.B. eine lange gegen eine kurze Laufzeit. Liability Swaps stehen für den Handel mit Zinsverpflichtungen, Assetswaps für den Handel mit Forderungen. Gehandelt werden Zinsswaps OTC, eine fixe Vertragsgestaltung liegt nicht vor. Banken dienen bei den Geschäften als Intermediär. Trotz des OTC-Handels hat sich ein Sekundärmarkt herausgebildet. Dieser bildet indikative Kurse für die gebräuchlichsten Swapgeschäfte ab.[216]

Unternehmen, die sich durch ihr Treasury oder die Geschäftsleitung von ihrer bisherigen Zinsprognose abwenden, können durch einen Swap die bisherigen Zinszahlungen oder –einnahmen ändern. Ein befürchtetes Marktzinsrisiko kann umgangen werden.

Als Beispiel für einen Kuponswap dient ein mittelständisches Unternehmen, welches sich in der Vergangenheit in Erwartung steigender Zinsen bei einem Kreditinstitut für einen Festsatzkredit entschied. Trotz eines fallenden Zinsniveaus haben die festen Zinszahlungen weiterhin Bestand. Durch den Swap bieten sich Wahlmöglichkeiten, um das niedrige Zinsniveau nutzen zu können. Der Auflösung des ursprünglichen folgt die Vereinbarung eines neuen Darlehens. Die Zinsbelastung verringert sich dank des neuen Darlehens. Unter der Annahme einer einvernehmlichen Auflösung des Kreditvertrags entsteht eine fällige und möglicherweise teure Vorfälligkeitsentschädigung.

Alternativ schließt das Unternehmen in Erwartung weiter fallender Geldmarktsätze einen Zinsswap ab. Das ursprüngliche Darlehen hat weiterhin Bestand. Der Swap ist eine zusätzliche und eigenständige Vereinbarung. Es handelt sich um getrennte Rechtsgeschäfte. Ein

[215] Vgl. GLAUM (2000), S. 34.
[216] Vgl. BEIKE/BARCKOW (2002), S. 34 ff.

sogenannter Receiver Swap tauscht die Ansprüche zukünftiger Zinsflüsse. Das Unternehmen sichert sich von einem Vertragspartner mit gegensätzlicher Markterwartung, der nicht identisch mit dem Darlehensgeber sein muss, feste Zinseinnahmen, welche der Höhe der Zinsverpflichtungen des Darlehens entsprechen. Mit Hilfe dieser Einnahmen erfolgt die zukünftige Bezahlung der Raten des Darlehens. Im Gegenzug verpflichtet sich das Unternehmen zur Zahlung variabler Zinsen, welche sich an einem Basiszinssatz orientieren. Üblicherweise wird zu diesem Zweck der European Interbank Offered Rate (EURIBOR)[217] als Basiszinssatz verwandt. Der Vorteil für das Unternehmen ist der Profit an zukünftigen fallenden Geldmarktsätzen. Die variablen Zahlungen aus der Verpflichtung des Swap nehmen ab. Der Darlehensvertrag hat weiterhin Bestand, wurde durch den Einfluss auf die Zahlungen des Swaps allerdings von einem Festsatzkredit zu einem variablen Kredit. Eine falsche Einschätzung und somit ein Anstieg Geldmarktsätze ist durch die Auflösung des Swaps bzw. einen Gegen-Swap möglich.

Neben dem vorgestellten Receiver Swap existieren viele weitere Ausgestaltungen von Swaps. Der Payer Swap ist z.B. das Gegenteil des Receiver Swaps. Das Unternehmen nimmt unter der Annahme steigender Geldmarktsätze die Position ein, die feste Zinsen zahlt und variable Zinsen erhält.

Weitere derivative Zinsinstrumente sind Caps, Floors oder Collars. Sie schützen Anleger und Schuldner vor der Überschreitung von Zinsunter- bzw. Zinsobergrenzen.

„Ein Cap ... ist ein Zinsbegrenzungsvertrag, der dem Käufer [gegen die Zahlung einer Prämie] das Recht gibt, bei Überschreiten des Strikes vom Cap-Verkäufer eine Ausgleichszahlung zu verlangen“[218]. Ein Cap ist vor allem bei Absicherungszwecken von Finanzierungen nutzbar. Der Cap erhält dem Unternehmen bei variabler Zinslast durch einen Cash Flow die Kalkulationsgrundlage des Darlehens. Während die Zinslast nach oben begrenzt wird, bleiben die Vorteile einer variablen Finanzierung zugleich bestehen. Fallende Geldmarktzinsen verringern die zukünftige Zinslast. Die Ausgleichszahlungen von Caps werden zu vereinbarten Terminen, üblicherweise in Quartals- oder Halbjahresabständen, geleistet. Zu diesen Zeitpunkten erfolgt ein Vergleich der Referenzzinssätze zum Basiszinssatz. Bei einem Überschreiten des Referenzzinssatzes über den Basiszinssatz übt der Käufer eines Caps sein Recht auf eine Ausgleichszahlung aus. Sonst verfällt das Recht. Beim Cap ist der Prämienaufwand das einzige Risiko des Käufers.[219] So ist als Beispiel ein Unternehmen heranzuziehen, welches Finanzierungsbedarf für eine Investition in ihren Maschinenpark benötigt. Hohe Geldmarktsätze veranlassen die Geschäftsleitung zu der Überlegung, statt eines Festsatzkredites eine variable Verzinsung des Darlehens vorzuziehen. Die Idee ist, an zukünftig fal-

---

[217] Eine weitergehende Erläuterung zum EURIBOR u.a. in BEIKE/BARCKOW (2002), S. 18.
[218] Vgl. BEIKE/BARCKOW (2002), S. 47.
[219] Vgl. BEIKE/BARCKOW (2002), S. 47 ff.

lenden Zinsen durch geringere Zinszahlungen zu profitieren. Im Gegenzug einigen sich Bank und Unternehmen auf den Abschluss eines Caps. Die Gefahr weiter steigender Geldmarktsätze und der daraus folgenden Erhöhung einer Ratenzahlung, erkauft sich das Unternehmen durch eine zu leistende Prämie. Negative Veränderungen am Geldmarkt kompensiert das Unternehmen durch Ausgleichszahlungen an den vereinbarten vierteljährlichen Stichtagen. Der Nutzen fallender Zinssätze und geringerer Darlehensraten hat Bestand.

Floors haben eine nahezu identische Ausgestaltung wie Caps. Der Unterschied besteht in der Form der Absicherung. Ein Floor sichert dem Käufer statt einer Zinsobergrenze eine Zinsuntergrenze. Er dient der Absicherung von Zinsinvestitionen und garantiert eine Ausgleichszahlung, wenn der Referenzzinssatz zu vereinbarten Terminen unter der Grenze eines Referenzzinssatzes liegt.[220]

Ein Collar ist ebenfalls ein Instrument, das zu Absicherungszwecken von Zinssätzen dienen kann. Es ist eine Kombination aus einem Cap und einem Floor. Das Ziel ist entweder eine Zinsobergrenze durch den Kauf eines Caps festzulegen. Diese Prämienzahlung wird durch Verkauf eines Floor mit einem geringeren Zinssatz zumindest teilweise kompensiert. Anders herum sichert der Kauf eines Floor mit niedrigem Zinssatz eine Zinsuntergrenze, die zu einem Teil durch den Verkauf eines Caps kompensiert wird.[221]

5.1.2 Termingeschäfte bei Währungsrisiken

Die Steuerung von Transaktionsrisiken bei Währungsgeschäften erfolgt im Wesentlichen durch Futures, Forwards, Währungsswaps, Währungsoptionen, Optionen auf Devisenterminkontrakte und Collars (s. Abbildung 18).[222]

[220] Vgl. ELLER/SPINDLER (1994), S. 175 f.
[221] Vgl. BEIKE/BARCKOW (2002), S. 56 ff.
[222] Vgl. SCHÄFER/FRANK (2006), S. 450.

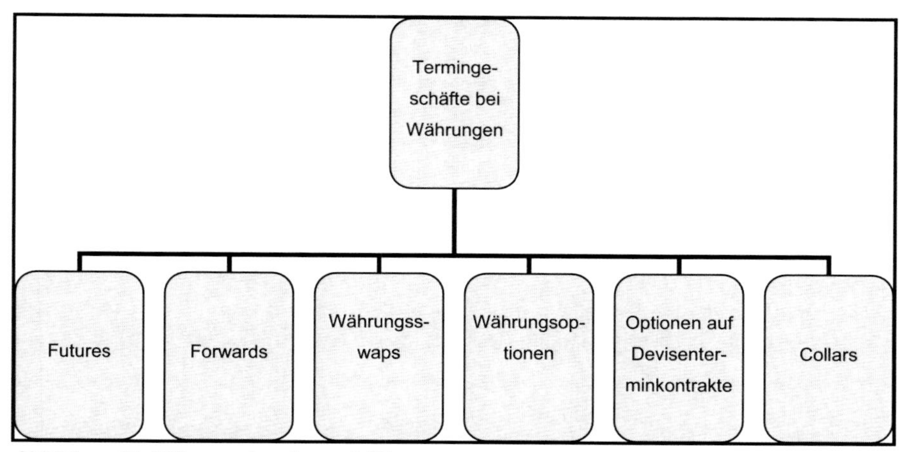

Abbildung 18: Währungstermingeschäfte.

[Quelle: Eigene Darstellung].

Risiken bei Devisen werden üblicherweise über das Devisentermingeschäft bzw. den Handel von Futures/Forwards abgesichert. Ein Devisentermingeschäft ist eine beiderseitige Verpflichtung zweier Counterparts, einen vereinbarten Betrag einer Fremdwährung zu einem bestimmten Kurs zu kaufen bzw. zu verkaufen.[223] Beispielsweise hat ein deutsches Unternehmen einen Kaufvertrag mit einem amerikanischen Hersteller geschlossen. Das Produkt wird durch das Unternehmen zu einem festen Preis von 1.000.000 USD gekauft. Der Wechselkurs zwischen EUR/USD liegt bei 1,20 Euro. Das Produkt kostet dem Unternehmen aktuell 1.000.000 USD x 1,20 = 1.200.000 Euro. Das Zahlungsziel ist in vier Wochen.

Durch den Verzicht auf eine Absicherung des aktuellen Kursniveaus verändert sich das finanzielle Chance-Risiko-Profil des Unternehmens. Verändert sich der Wechselkurs auf 1,15 EUR/USD, erhält der amerikanische Hersteller noch immer 1.000.000 USD. Der deutsche Unternehmer zahlt allerdings nur 1.000.000 USD x 1,15 = 1.150.000 Euro statt der ursprünglichen 1.200.000 Euro. Der finanzielle Vorteil sind 50.000 Euro. Verändert sich der Wechselkurs auf 1,25 EUR/USD findet die Zahlung in Höhe von 1.000.000 USD x 1,25 = 1.250.000 Euro statt. Der finanzielle Nachteil entspricht, verglichen mit dem Ursprungskurs, 50.000 Euro. Ein Termingeschäft beeinflusst finanzielle Risiken. Der Unternehmer sichert sich zum aktuellen Futurekurs die Zahlung eines Betrages. Am Erfüllungstag erhält er den benötigten Betrag in USD, zahlt seinen Gegenwert in Euro und zahlt seine Ware.

Weitere bevorzugte Steuerungsinstrumente für Währungsrisiken sind Devisenswaps. Sie liegen vor, wenn zwei Counterparts zum aktuellen Kassakurs Devisen tauschen und vorab

[223] Vgl. ELLER/SPINDLER (1994), S. 228.

per Termin eine Rückübertragung der Valutabeträge vereinbaren.[224] Ein Beispiel veranschaulicht einen Devisenswap. Ein deutscher Exporteur erwartet aus einem Geschäft einen Betrag in USD i.H. von 1.000.000 USD zum 01.03. Das Geld benötigt er bereits zum 15.01., um seinen Verpflichtungen in einem weiteren Geschäft nachkommen zu können. Er schließt mit einem Counterpart einen Devisenswap in Höhe von 1.000.000 USD ab. Laut Vereinbarung erhält er das Geld durch das Swap-Geschäft bereits am 15.01. zum Kassakurs und kauft den Betrag i.H. von 1.000.000 USD zum 01.03. mit dem aktuellen Terminkurs für diese Laufzeit zurück (aktueller Kurs in der Kasse zzgl. cost of carry). Der komplette Kapital-Tausch des Swaps wird vorab durch die Vereinbarung der Handelspartner beschlossen. Durch diesen Tausch hat der Exporteur die Möglichkeit, vorzeitig über das Geld zu verfügen. Der Handelspartner des Swaps überlässt dem Exporteur das Geld zum 15.01. zum aktuellen Kassakurs und erhält das Geld am 01.03. zum vereinbarten Kurs zurück.

5.1.3 Termingeschäfte bei Rohstoffrisiken

Im Segment der Rohstoffrisiken beschränkt sich das Angebot von Termingeschäften, abgesehen von verbrieften Wertpapieren wie Zertifikaten, auf Futures, Forwards und Optionen (s. Abbildung 19).[225] Trotz großer Abhängigkeit von hohen Kosten und hoher Volatilität wird dieser Markt in deutschen Unternehmen bislang vernachlässigt.[226]

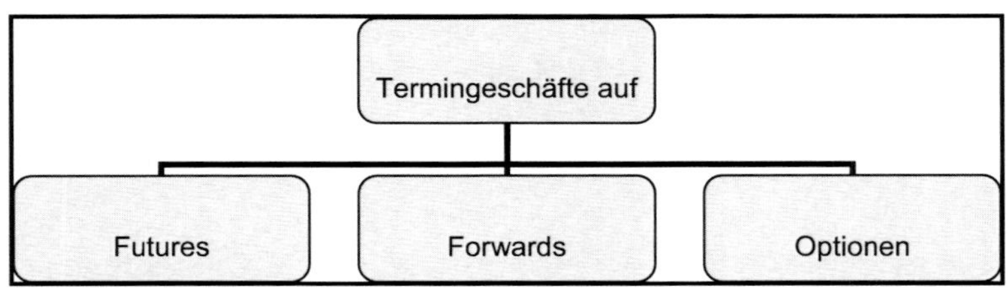

Abbildung 19: Rohstofftermingeschäfte.
[Quelle: Eigene Darstellung].

Durch den Kauf von Optionen an Rohstoffen erwirbt der Käufer das Recht, zu einem festgelegten Preis und Termin an den Verkäufer ein bestimmtes Gut zu verkaufen bzw. es von ihm zu kaufen. Der Verkäufer verpflichtet sich, das Gut zum festgelegten Preis zu kaufen bzw. zu verkaufen. Dabei ist eine Lieferung des Gutes nicht vorgesehen. Es erfolgt entweder das Schließen der offenen Position oder eine Ausgleichszahlung (cash settlement) zum Verfallstag der Option. Optionen bieten die Möglichkeit, das Risiko steigender oder fallender Rohstoffpreise einzuschränken bzw. zu minimieren, um eine sichere Kalkulationsgrundlage zu schaffen. Als Beispiel dient ein Unternehmen der Kupferbranche. Es verarbeitet den Roh-

---

224 Vgl. EILENBERGER (1990), S. 174 f.
225 Vgl. SCHÄFER/FRANK (2006), S. 450.
226 Vgl. KPMG (2007), S. 14 ff.

stoff zu Kabeln und Drähten. Am 01.03. erhält das Unternehmen einen Auftrag für die Fertigung von Kupferkabeln von einem Unternehmen aus der Elektronikbranche. Die Lieferung der fertigen Kabel soll zum 01.11. stattfinden. Das Kupferunternehmen plant für die Produktion des Auftrags zwei Monate ein. Der Rohstoffpreis ist in den letzten Wochen gefallen, die Geschäftsleitung ist unsicher über den zukünftigen Verlauf der Kupferpreise am Weltmarkt. Einerseits ist eine Absicherung der Einkaufskurse notwendig, andererseits ist die Geschäftsleitung gern bereit, auf weiterhin fallende Preise zu setzen. Der Kauf des Rohstoffs ist zum aktuellen Zeitpunkt nicht möglich, weil die Lagerkapazitäten des Unternehmens begrenzt sind. Die Geschäftsleitung einigt sich mit dem Treasury über den Kauf von Kaufoptionen, um einem zukünftigen Anstieg des Rohstoffs entgegenwirken zu können. Die Prämie für die Absicherung wird bezahlt. Das Treasury kauft Calls mit einem Basispreis i.H. des aktuellen Kassakurses und einer Laufzeit bis Ende August, um die zweimonatige Produktionszeit einhalten zu können.

Drei potenzielle Szenarien kommen zum Laufzeitende der Option in Frage:

1. Der Rohstoffpreis ist über den Kassakurs hinaus gestiegen. Das Unternehmen erhält eine Ausgleichszahlung und kauft mit dem Geld der Ausgleichszahlung das Kupfer am Markt. Es entsteht bei genauer Berechnung des Treasury weder ein Gewinn noch ein Verlust.
2. Der Rohstoffpreis und der Kassakurs vom 01.03. sind identisch. Die Prämie für den Kauf des Calls war nicht notwendig, wurde dennoch als Aufwand für die Absicherung in Kauf genommen. Das Kupfer wird in der Kasse gekauft, eine Ausgleichszahlung findet nicht statt.
3. Der Rohstoffpreis liegt unterhalb des ursprünglichen Kassakurses. Der Prämienaufwand war im Nachhinein nicht notwendig, das Kupfer wird zum Kassakurs gekauft.

Als zweite Alternative handelt die Geschäftsleitung nicht mit Optionen, sondern mit Futures. Statt eines bedingten wird ein unbedingtes Termingeschäft genutzt. Der Gebrauch von Forwards ist nicht notwendig, weil es einen liquiden Future-Markt des Rohstoffs Kupfer gibt und ein Handelspartner nicht erst gesucht werden muss. Das Treasury nutzt durch den Verkauf eines Futures das symmetrische Profil dieser Anlageform aus. Der aktuelle Terminkurs ist der Verkaufskurs. Zukünftige Kursbewegungen des Kassakurses vollzieht die eingegangene Position somit gegensätzlich nach. Steigen Markt- und somit auch der Terminkurs, verliert der verkaufte Future an Wert, weil ein Rückkauf teurer wird. Fallen Markt- bzw. Terminkurs, steigt für das Unternehmen der Wert des Future-Geschäfts, weil ein Rückkauf der Position günstiger wird. Dadurch kompensieren sich die Geschäfte des Terminkurses und des Marktpreis zu jedem Zeitpunkt für den Verkäufer bei genauer Berechnung. Die drei Szenarien zum Laufzeitende sind:

1. Der Rohstoffpreis ist über den ursprünglichen Kassakurs hinaus gestiegen. Das Kupfer wird am Rohstoffmarkt zum Marktpreis gekauft. Der Future kompensiert den höheren Kaufkurs des Rohstoffs durch seinen Rückkauf. Sein Kurs verlief gegensätzlich zum Marktpreis. Damit entsteht durch den günstigeren Rückkaufskurs im Vergleich zum Verkaufskurs des Futures ein Gewinn.
2. Der Rohstoffpreis und der Kassakurs vom 01.03. sind identisch. Der Kauf des Kupfers und der Verkauf des Futures kompensieren sich. Der Rohstoffpreis liegt unterhalb des ursprünglichen Kassakurses. Der Einstand des Rohstoffs am Markt ist günstiger als am 01.03., Der Future hat im selben Zeitraum einen Verlust erlitten und muss zu einem höheren Kurs zurückgekauft werden als zum Verkaufskurs.

5.2 Unternehmenspolitik

Zur Leitung eines Unternehmens gehört das Vorleben einer unternehmerischen Philosophie und Politik. Ihnen ist alles andere, z.B. die Risikopolitik, untergeordnet. Im Folgenden werden Aspekte wesentlicher Bestandteile der Risikopolitik eines Unternehmens dargestellt. Sie beeinflussen und begründen die individuelle Frage nach der Notwendigkeit eines Risikomanagements.

5.2.1 Unternehmensexterne Voraussetzungen für Risikomanagement

Risikomanagement ist in den letzten Jahren sowohl für die kleinen und mittelständischen Unternehmen als auch für die Banken als Geschäftspartner der Unternehmen interessant geworden. Die Möglichkeiten absichernder oder risikomindernder Termingeschäfte sind für den Mittelstand vorhanden. Termingeschäfte wie Swaps, die es vor vielen Jahren erst ab einer Größenordnung von mindestens nominal einer Million Euro gab, werden heutzutage bereits ab 250.000 Euro individuell gestaltet. Der Konkurrenzkampf der Banken ist groß.[227] Sie versuchen, Kunden durch eine intensive Betreuung und Beratung dieser erklärungsbedürftigen und komplexen Geschäftsbereiche zu unterstützen und an sich zu binden. Eine Vernachlässigung dieses Geschäftszweigs kann sich keine große Bank erlauben.[228] Den Unternehmensleitungen steht für ein Risikomanagement Hilfe zur Verfügung. Eine ablehnende Haltung gegenüber Risikomanagement ist nicht durch einen Mangel an Unterstützung begründbar. Zumal die potenziellen Überlegungen einer Unternehmensführung über Unterstützung hinaus reichen. Sind die Kenntnisse der Geschäftsleitung nicht ausreichend und ein internes Risikomanagement zu kostenintensiv, stellen externe Dienstleister ihr Wissen mit-

---

[227] Vgl. STEINBRENNER (2008), S. 216.
[228] Vgl. HÄRLE-WILLERICH (2008), S. 47.

tels Beratung und Umsetzung zur Verfügung. Auch ein Kleinstunternehmen kann diesen Weg nutzen. Eine individualisierte Umsetzung eines Risikomanagements ist dann durch eine standardisierte ersetzbar.[229] Einen Vorteil können sich Unternehmer verschaffen, wenn sie ihre Kredit gebende Bank mit der Übernahme des Risikomanagements beauftragen. Die Transparenz und enge Zusammenarbeit kann jederzeit für eine notwendige Finanzierung von Nutzen sein.[230]

Weitere notwendige Voraussetzung für effektives und insbesondere effizientes Risikomanagement ist eine technische Unterstützung des Risikomanagementprozesses. Diese gibt es z.B. über externe IT-Dienstleister. Sie verringert den Zeitaufwand und sichert präzises Arbeiten innerhalb des kontinuierlich laufenden Prozesses. Sie bewältigt z.B. den Übergang von der Risikoidentifikation zur –bewertung durch die Sammlung eingehender Daten und deren Verarbeitung zu aussagekräftigen Informationen[231] in kurzer Zeit. Die Nutzung technischer Unterstützung ist aufgrund der Notwendigkeit eines großen Informationsbedarfs für ein effektives Risikomanagement nicht entbehrlich. Der subjektive und objektive Informationsbedarf ist groß. Die Gefahr, Fehlentscheidungen aufgrund eines Mangels an Informationen zu erhalten, ist fortwährend vorhanden. Eine ausreichende Qualität und Quantität muss gewährleistet sein.[232] Insbesondere in schwierigen wirtschaftlichen Phasen eines Unternehmens ist die Ermittlung und Übermittlung aller greifbaren Daten wichtig.[233] Bestandteil einer IT-Unterstützung ist beispielsweise ein Frühwarnsystem. Weitere technische Voraussetzungen wie die Möglichkeit einer jederzeitigen Abfrage des Informationsstands, die Bereitstellung unterschiedlicher Datendichte für unterschiedliche Nutzergruppen oder ein rollierender Soll-Ist-Vergleich des Controllings sind technisch darstellbare und unverzichtbare Voraussetzungen für ein Unternehmen.

Die notwendigen Grundlagen, derer sich ein Unternehmen bedienen kann, um ein Risikomanagement umzusetzen, sind für KMU somit gegeben. Fraglich bleibt der individuelle Ansatz hinsichtlich der spezifischen Größe eines Unternehmens, wie ein Risikomanagement aufgestellt werden kann.

5.2.2 Kosten und Zusatznutzen eines Risikomanagements

Der Aufbau eines Risikomanagements muss u.a. vor dem Hintergrund möglicher Kosten betrachtet werden. Mehrere Aspekte sind zu berücksichtigen. Diese Kosten sind in einem ersten Schritt zu quantifizieren. Die alleinige Berücksichtigung dieser Kosten greift jedoch zu kurz. Die Betrachtung eines Kosten-Nutzen-Profils ist in die Überlegungen einzubeziehen. Der Nutzen von Risikomanagement spaltet sich auf. Einerseits steht die Minderung von Risi-

---

[229] Vgl. LÜCKE et al. (2007), S. 27 ff.
[230] Vgl. LÜCKE et al. (2007), S. 27.
[231] Vgl. ERBEN/ROMEIKE (2003), S. 287.
[232] Vgl. ERBEN/ROMEIKE (2003), S. 277.
[233] Vgl. KPMG (2009), S. 24.

ken bzw. die Optimierung eines Chance-Risiko-Profils im Vordergrund. Andererseits sind unterschiedliche Zusatznutzen zu berücksichtigen, die dem Unternehmen u.U. Vorteile verschaffen können.
Die Frage nach Notwendigkeit eines Risikomanagements ist zwar unabhängig von der Bilanzsumme oder dem Umsatz. Unterschiede bei Mitarbeiterzahl, Risikoprofil oder vorhandenen IT-Systemen ziehen allerdings verschiedene Anforderungen nach sich.[234] So sind Kosten nicht standardisiert, sondern in jedem Unternehmen individuell zu bewerten.
Strukturkosten sind, u.a. abhängig vom personellen Profil eines Risikomanagements, in Opportunitäts- oder Fixkosten zu teilen. Opportunitätskosten entstehen bei der Übernahme des Risikomanagements durch die Unternehmensleitung. Ihre Zeit ist begrenzt, ihr Wissen u.U. gering. Diese Faktoren können zu Kosten führen, denen kein oder geringer Nutzen entgegensteht. Fixkosten entstehen u.a. durch die Vergabe des Risikomanagements an eine eigene Abteilung oder an externe Dienstleister wie beispielsweise Banken. Die Kosten bestehen aus Gehältern von Managern oder zusätzlichen Büros bzw. der Bezahlung der Nutzung einer Dienstleistung.
Desweiteren zu beachten sind die Risikosteuerungskosten (s. Abbildung 11). Sie basieren auf Grundlage der Risikostrategien bzw. Steuerungsinstrumente. Hierzu zählen bei Risikoeigentragung beispielsweise Kapitalkosten, bei Risikokompensation mögliche Optionsprämien oder bei Risikoüberwälzung Versicherungsprämien. Weitere zu berücksichtigende Kosten auf Ebene der Risikosteuerung ist ein IT-unterstütztes Managementsystem, welches für ein effizientes Risikomanagement unverzichtbar geworden ist (s. oben).

Der durch die Einführung eines Risikomanagements entstehende Zusatznutzen verschafft dem Unternehmen zusätzliche Vorteile. Der Aufbau eines Risikomanagements kann gleichzeitig mit der Einführung eines Liquiditäts- und Cash-Managements verbunden werden. Beides wird in vielen Unternehmen durch eine Abteilung, dem Treasury, verantwortet. Die wesentliche Aufgabe einer Treasury-Abteilung ist die Sicherstellung der jederzeitigen Liquidität eines Unternehmens. In einem ersten Schritt werden alle kurz- und langfristigen Forderungen und Verbindlichkeiten gebündelt. In einem zweiten Schritt werden sie ertragreich verschoben. Die Berücksichtigung unterschiedlicher Soll- und Habenzinssätze ist ein einzubeziehendes Kriterium. Dieses sogenannte Cash-Pooling nutzen wenige der deutschen KMU, obwohl unter Beachtung der Zinssätze ein Zusatznutzen entsteht.
Die Einführung eines IT-Systems für Risikomanagement kann zeitgleich auch das Cash-Pooling unterstützen. Optimierungsmöglichkeiten zwischen Liquiditäts- und Zinsrisikomanagement werden schneller erkennbar. Potenzielle Zinsrisiken stehen im direkten Zusammen-

[234] Vgl. REICHLING et al. (2007), S. 209.

hang zu Kreditlinien oder Finanzanlagen.[235] Diese lassen sich durch Derivate auch bei kleinen und mittelständischen Unternehmen optimieren.[236]
Ein weiterer Nebeneffekt bei Einführung eines Risikomanagements ist die mögliche Einführung eines Working Capital Managements. Die Verbesserung des Working Capital, also der Verringerung der Kapitalbindung und der Freisetzung zusätzlicher Liquidität durch die intensive Sammlung aller Liquiditätsströme, ist ebenfalls Aufgabe des Treasury. Gleichzeitig gewinnt das Unternehmen dank der Optimierung ihrer Innenfinanzierung an Unabhängigkeit gegenüber Fremdkapitalgebern.[237] Dies ist ein direkter Zusammenhang zum Risikomanagement. Das Profil eines Treasurers hat z.T. fließende Übergänge zum Profil eines Risikomanagers.

5.3 Konsequenzen fehlenden Risikomanagements bei KMU

Die Entscheidung, in einem Unternehmen ein Risikomanagement einzuführen, ist mit Konsequenzen verbunden. Die Möglichkeiten der Einschränkung von Marktpreisrisiken durch Termingeschäfte ist in vorangegangenen Kapiteln ausführlich beschrieben worden. Die Darstellung der Vorteile eines Risikomanagements für kleine und mittelständische Unternehmen greift allerdings zu kurz. Um sich der Frage nach der Notwendigkeit finanziellen Risikomanagements nähern zu können ist eine Aufklärung über wesentliche Konsequenzen notwendig wenn ein Risikomanagement, wie im KonTraG gefordert, nicht implementiert wird bzw. für das individuelle Unternehmen als nicht geeignet bewertet werden kann (s. Kapitel 4.2)
Die Träger von Konsequenzen teilen sich auf in unternehmensinterne und unternehmensexterne Bereiche. Unternehmensintern bewegt das Risikomanagement die operationale und die personelle Ebene. Operational sind KMU mangels Alternativen bei der Wahl ihrer Kapitalausstattung abhängig von einigen wenigen Kapitalgebern. Festsatzkredite von Kreditinstituten sind häufig die einzige Möglichkeit der Fremdfinanzierung. Gemäß Basel II, der Eigenkapitalvorschrift für Kreditinstitute der Europäischen Union, gibt es die Verpflichtung, dass die Eigenkapitalunterlegung bei Kreditinstituten bei Fremdfinanzierungen dem tatsächlich entstehenden Risiko entsprechen muss. Als Konsequenz daraus sind Banken angehalten, die Sicherheit von Krediten durch interne oder externe Ratings zu prüfen. Je sicherer und risikoärmer ein Kredit ist, desto weniger Eigenkapital ist zu hinterlegen und desto mehr Kredite können Banken auf vorhandenes Eigenkapital vergeben. Ein fehlendes oder ungenügendes Risikomanagement bei Unternehmen führt zu schlechten Ratings durch fehlende Transparenz bzw. nicht kalkulierbaren Risiken. Sie können nicht erkannt und ermittelt werden. Die Vergabe von Fremdkapital ist nicht realistisch.[238] Ähnliches gilt für die Einwerbung

---

[235] Vgl. TILLMANN (2007), S. 42.
[236] Vgl. STEINBRENNER (2008), S. 214.
[237] Vgl. MISSLER (2007), S. 148 f.
[238] Vgl. KPMG (2009), S. 14 ff.

von Eigenkapital. Risikoaverse Teilhaber sind ohne entsprechende Sicherungsmechanismen im Unternehmen nicht bereit, Kapital zur Verfügung zu stellen. Der Nachweis vorhandener Sicherheitsmaßnahmen, begleitet von einer risikobewussten Unternehmenskultur und eines adäquaten Chance-Risiko-Profils, ist nicht möglich. Die Wahrscheinlichkeit, auf Ausschüttungen oder Wertsteigerungen verzichten zu müssen, ist u.U. zu groß. Eine finanzielle Belastung durch fehlendes oder mangelhaftes Risikomanagement besteht desweiteren durch Erhöhungen bei Versicherungen durch Versicherungsgesellschaften.
Die größte Gefahr bei Marktpreisrisiken verbirgt sich im unerwarteten Mangel an Liquidität. Latente Risiken, insbesondere aus sich schnell und unerwartet entwickelten Marktpreisen, führen zu finanziellen Engpässen. Ihre Gefahren, darunter Aufschub notwendiger Investitionen, Vertrauens- und Reputationsverlust durch Zahlungsausfälle oder eine erschwerte Finanzplanung, verändern in kurzer Zeit die Liquiditätsplanung. Dieser Zustand führt nicht selten in kurzer Zeit zur Zahlungsunfähigkeit und hätte großes Schadenspotenzial bei allen Stakeholdern.
Auf der unternehmensinternen Ebene drohen bei Schäden auch Konsequenzen bei den juristischen Personen (Vorstand, Geschäftsführer, Aufsichtsrat, Beirat). Werden Anforderungen des KonTraG oder ggf. des BilMoG nicht ausreichend erfüllt, drohen den Verantwortlichen, i.d.R. der Unternehmensleitung, persönliche Haftung für vermeintlich vermeidbare Schäden.[239] Im Falle einer Krise des Unternehmens steht der Vorstand gemäß § 93 II AktG in der Pflicht, sein Verhalten nach plichtgemäßen objektiven und subjektiven Gesichtspunkten zu rechtfertigen. Dabei ist dieser Aspekt durch die Sorgfaltspflicht eines Kaufmanns vom Vorstand einer Aktiengesellschaft auf GmbH-Geschäftsführer übertragbar.[240] Konkrete Details lässt das KonTraG weitere personelle Konsequenzen offen. Die Haftung beschränkt sich nicht nur auf die Unternehmensspitze. Auch Personen wie Prokuristen oder Abteilungsleiter, die dem Unternehmen fahrlässig oder vorsätzlich Schaden zugefügt haben bzw. ihrer Pflicht im Sinne der Risikosicherheit nicht nachgekommen sind, können zur Verantwortung gezogen werden.[241] Hervorzuheben ist die Überwachungspflicht von Kontrollgremien wie dem Aufsichtsrat. Die bereits vorhandenen Pflichten sind durch das KonTraG konkretisiert und fachliche Voraussetzungen sind festgelegt worden. Regelungen wie die Höchstzahl der Aufsichtsratsmandate oder eine Mindestgröße für Aufsichtsratssitzungen sind ebenfalls Bestandteil des KonTraG.[242]
Unternehmensexterne Konsequenzen haben die Abschlussprüfer zu befürchten, wenn sie die erhöhten Anforderungen bei der Prüfung der Unternehmen nicht angemessen berück-

---

[239] Vgl. REICHLING et al. (2007), S. 212.
[240] Vgl. ROMEIKE (2003), S. 69.
[241] Vgl. SCHIFFER/SCHUBERT (2007), S. 10 ff.
[242] Vgl. LOHSE (2002), S. 184.

sichtigen. Sowohl die intensivere Prüfung als auch Überwachung des Risikoüberwachungssystems und des Risikoberichts sind mit erhöhten Haftungsgrenzen verbunden worden.[243]

[243] Vgl. ROMEIKE (2003), S. 69 f.

6. Fazit

Wie die vorliegende Ausarbeitung verdeutlicht, kommt die Analyse über die Notwendigkeit eines unternehmerischen Risikomanagements durch externe Risiken zu einem eindeutigen Ergebnis. Es betrifft den deutschen Mittelstand ebenso wie große Unternehmen oder Konzerne. Das Fehlen eines Risikomanagements birgt zu viele Unsicherheiten. Die Gefahren potenzieller Konsequenzen sind zu weit reichend, als dass ein Verzicht zu rechtfertigen wäre. Die Handhabung externer Risiken in Form von Marktpreisrisiken ist nur durch ein geeignetes und adäquates Risikomanagement zu bewerkstelligen. Der Umgang mit Marktpreisen innerhalb der operativen Geschäftstätigkeit ist vielfältig. Der Einkauf von Rohstoffen, der Im- oder Export von Waren und Gütern oder Folgefinanzierungen bei auslaufenden Krediten setzen Unternehmen des Industrie-, Handels- und Dienstleistungssektors externen Risiken aus. Diese können bei Verzicht auf Absicherungsmechanismen ein außergewöhnlich hohes Risiko darstellen. Deutlich wird das durch Wirtschaftskrisen wie die mit Beginn im Jahr 2007, die immer wieder ungeeignetes oder fehlendes Risikomanagement offenbaren. Hohe Insolvenzquoten, der Bedarf staatlicher Unterstützung oder Liquiditätsprobleme sind Indikatoren für unsachgemäßen Umgang mit unternehmerischen Risiken. Meist trifft dieser Umstand nur bei kleinen und mittelständischen Unternehmen zu.

Der Grund liegt in der Gefahr, den Umgang mit Marktpreisen zu unterschätzen oder zu vernachlässigen. Leitungen großer Unternehmen sind sich dessen bewusst. Sie stellen Mitarbeiter ein und unterhalten sogar ganze Abteilungen, um die vorhandenen Risiken im Interesse des Unternehmens verwalten zu lassen. Diese Investitionen rechtfertigen sich durch ein angemessenes Kosten-Nutzen-Verhältnis. Darüber hinaus werden Mitarbeiter sensibilisiert und aufgefordert eigenständig Maßnahmen zu ergreifen. Risikopolitik ist Bestandteil der unternehmerischen Philosophie.
Anders verhält es sich bei KMU. Mehrere Gründe sind für einen gewagten Umgang mit Marktpreisrisiken bei mittelständischen Unternehmen verantwortlich. Ein erster Aspekt ist das mangelnde Bewusstsein der Verantwortlichen über die Dimensionen, die derlei Risiken erreichen. Eine erforderliche Korrektur der Finanzplanung auf Grundlage einer Fehlkalkulation führt schnell zu Liquiditätsproblemen. Während große Unternehmen aus einer breiten Führungsebene mit vielen Hierarchiestufen bestehen, sind es bei mittelständischen Unternehmen häufig nur sehr wenige Personen oder gar eine Person. Sie sind in der Führung eines Unternehmens aufgrund der Vielfalt der Probleme schnell überfordert. Risiken zu managen wird daher häufig eher als zweitrangig eingestuft. Ein zweiter Aspekt sind Kosten. Mittelständler nehmen bei Risikomanagement in erster Linie die Kosten für Personal oder IT-Systeme wahr. Der Nutzen erfährt keine rechtmäßige Würdigung. Darüber hinaus ist sich die Unternehmensleitung häufig vieler Möglichkeiten nicht bewusst. Die Vielfalt risikomindernder

Steuerungsinstrumente ist unbekannt oder der Umgang mit ihnen ist aufgrund ihrer Komplexität mit Ängsten behaftet. Dabei sind Termingeschäfte ein geeignetes und adäquates Mittel, die Gefahren volatiler Märkte zu minimieren. Als Risikomanagement kommen nicht nur individuelle, sondern auch standardisierte Prozesse und Systeme infrage. Selbst ein Outsourcing ist eine Alternative bei der Implementierung eines Risikomanagements. Erforderlich ist allerdings eine risikobewusste Unternehmenspolitik. Sie muss Bestandteil der Unternehmenspolitik sein. Ein optimales Chance-Risiko-Profil zu erstellen ist eine Herausforderung der Unternehmensleitung.

Die besondere Bedeutung von Risikomanagement verdeutlicht die Einführung des KonTraG im Jahr 1998. Obwohl die Beachtung von Unternehmensrisiken vor dem Hintergrund der Sorgfaltspflichten eines Kaufmanns schon immer ein wichtiges Themengebiet in Unternehmen gewesen ist, wurde ihrer Bedeutung Nachdruck verliehen. Das war ein wichtiger Schritt zu mehr Transparenz und Sicherheit in Unternehmen. Demnach sind Verantwortliche von Unternehmen nun dazu angehalten, ein geeignetes Risikomanagement für ihr Unternehmen vorzuhalten. Diese gesetzliche Regelung wurde absichtlich mit vielen Freiheiten ausgestattet. Einerseits werden Unternehmer gedrängt, aktiv an der Einführung bzw. Verbesserung eines adäquaten Risikomanagements zu arbeiten. Andererseits gibt es die Möglichkeit, dieses Management in einer individuellen und geeigneten Art und Weise zu gestalten. Es verbleibt ausreichend Interpretationsspielraum, um für alle Unternehmen als Grundlage dienen zu können. Dass ein Risikomanagement durch einen vorab definierten und fortlaufenden Prozess in das Unternehmen integriert sein soll, ist eine Empfehlung. Die Prozesskette der Identifikation, Bewertung, Analyse, Kontrolle und Schadensbegrenzung von Risiken bietet sich an. Ein feststehendes Vorgehen existiert nicht.

Doch die Einführung eines Risikomanagements ist nicht nur allein durch eine gesetzliche Grundlage zu befürworten. Es sollte deutlich geworden sein, dass der gesetzlich verpflichtende Rahmen nur in Verbindung mit einer risikobewussten Unternehmenspolitik einen Sinn erhält.

Anlagen

Anlage 1.

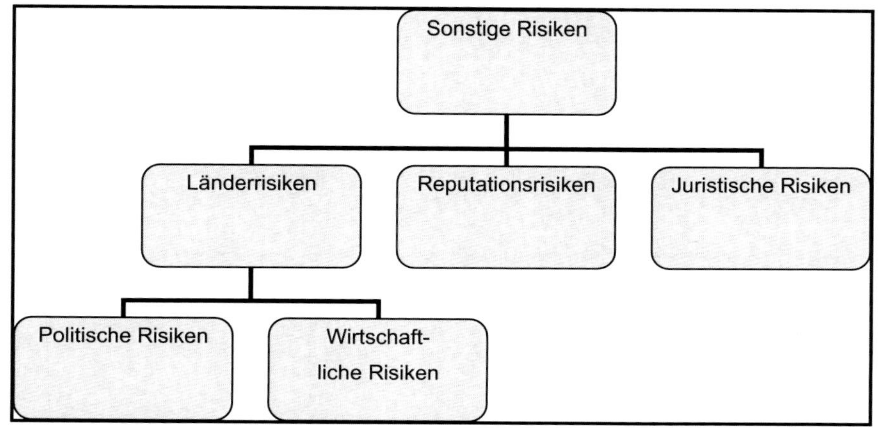

Abbildung 20: Sonstige unternehmerische Risiken.

[Quelle: Eigene Darstellung, in Anlehnung an GEBHARDT/MANSCH (2001), S. 24.].

Anlage 2.

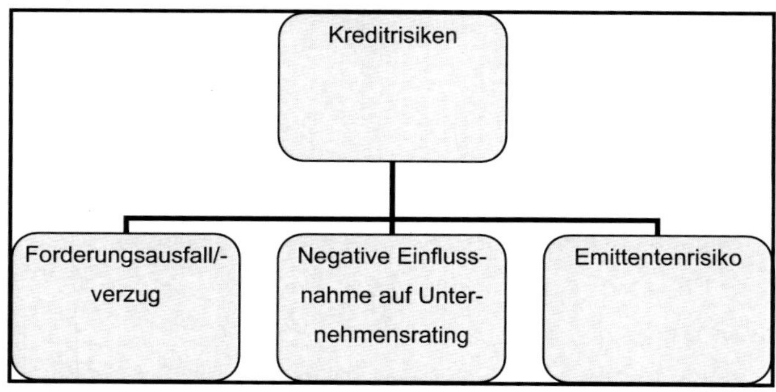

Abbildung 21: Unternehmerische Kreditrisiken.

[Quelle: Eigene Darstellung].

Anlage 3.

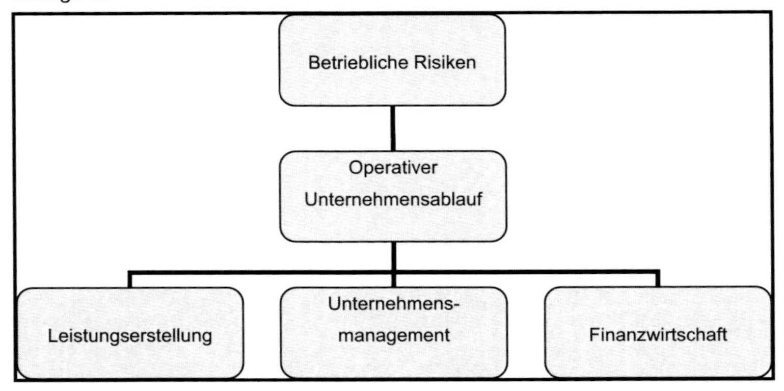

Abbildung 22: Unternehmerische betriebliche Risiken.

[Quelle: Eigene Darstellung].

Anlage 4:

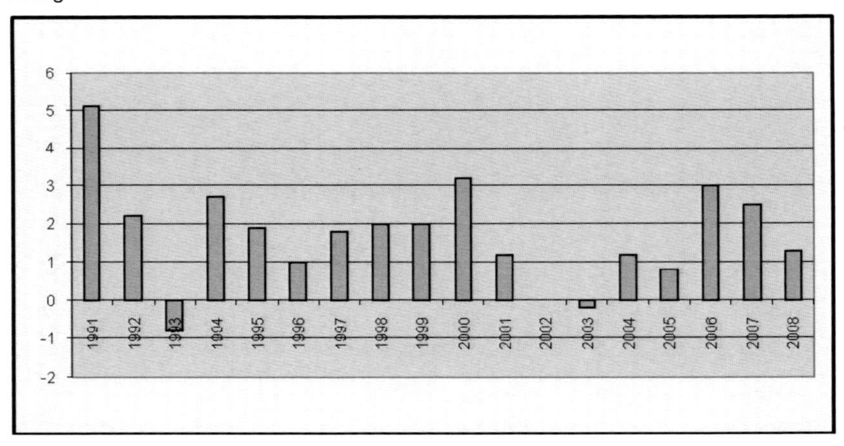

Abbildung 23: Wirtschaftswachstum in Deutschland.

[Quelle: Eigene Darstellung, Daten stellen die Veränderungen des BIP gg. Vorjahr in % dar und sind dem Statistischen Bundesamt entnommen].

Anlage 5.

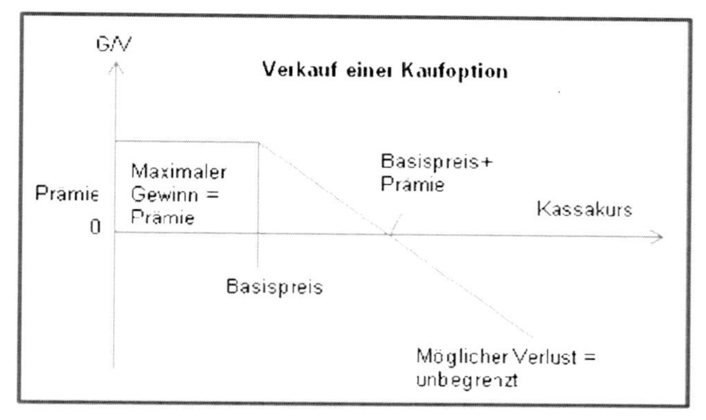

Abbildung 24: Schaubild "Verkauf einer Kaufoption".

[Quelle: Eigene Darstellung].

Anlage 6.

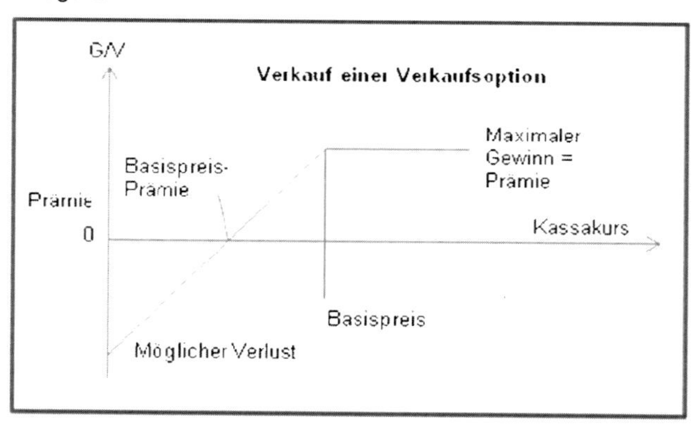

Abbildung 25: Schaubild "Verkauf einer Verkaufsoption".

[Quelle: Eigene Darstellung].

Literaturverzeichnis

BARDT (2009); Bardt, H.; Lichtblau, K.; Reller, A.: Rohstoffsituation Bayern. Keine Zukunft ohne Rohstoffe; Studie für die Vereinigung der Bayerischen Wirtschaft e.V., in: Die Stimme der Wirtschaft.vbw. Information, Ausgabe 01/2009, Köln 2009.

BEIKE/BARCKOW (2002); Beike, R.; Barckow, A.: Risk-Management mit Finanzderivaten. Steuerung von Zins- und Währungsrisiken, München 2002.

BEINERT (2003); Beinert, C.: Bestandsaufnahme Risikomanagement, in: Reichling, P.: Risikomanagement und Rating: Grundlagen, Konzepte, Fallstudie, Wiesbaden 2003.

BMWi (2009); Bundesministerium für Wirtschaft und Technologie: Mittelstand – Leistung durch Vielfalt; in Zusammenarbeit mit dem IfM Bonn, Berlin 2009.

BRAUN (1979); Braun, H.: Risikomanagement. Eine spezifische Controllingaufgabe in der Unternehmung, Controlling-Forschungsbericht 79/2; Arbeitspapiere Institut für Betriebswirtschaftlehre, Technische Hochschule Darmstadt, Darmstadt 1979.

BRAUN (1984); Braun, H.: Risikomanagement. Eine spezifische Controllingaufgabe; Stuttgart 1984.

BREBECK (1997); Brebeck, F. H.: Zur Forderung des KonTraG-Entwurfs nach einem Frühwarnsystem und zu den Konsequenzen für die Jahres- und Konzernprüfung, in: Die Wirtschaftsprüfung, 50. Jg, Heft 12, 1997.

BURGER/BUCHHART (2002); Burger, A.; Buchhart, A.: Risiko-Controlling, München 2002.

DEUTSCHER BUNDESTAG (2002); o.V.: Globalisierung der Weltwirtschaft. Schlussbericht der Enquete Kommission, Deutscher Bundertag (Hrsg.), Opladen 2002.

DROSSE (2005); Drosse, V.: Kostenrechnung Intensivtraining, 1. Aufl, Nachdruck Juli 2005, Wiesbaden 2005.

EILENBERGER (1990); Eilenberger, G.: Währungsrisiken, Währungsmanagement, und Devisenkurssicherung von Unternehmen, 3. Überarbeitete und ergänzte Aufl., Frankfurt a.M. 1990.

ELLER/SPINDLER (1994); Eller, R.; Spindler, C.: Zins- und Währungsrisiken optimal managen. Analyse. Risiko. Strategie., Wiesbaden 1994.

EMMERICH (1999); Emmerich, G.: Risikomanagement in Industrieunternehmen - gesetzliche Anforderungen und Umsetzung nach dem KonTraG, in: Schmalenbachs Zeitschrift für betriebswirtschaftliche Forschung (Hrsg.), Band 51, Jg. 1999, Düsseldorf 1999, S. 1075 – 1089.

ERBEN/ROMEIKE (2003); Erben, R. F.; Romeike, F.: Risikoreporting mit Unterstützung von RMIS, in: Romeike, F.; Finke, R. B.: Erfolgsfaktor Risiko-Management. Chance für Industrie und Handel. Methoden, Beispiele, Checklisten., Wiesbaden 2003.

ERDMANN (2006); Erdmann: Betriebswirtschaft / Volkswirtschaft, 4. Aufl., Karlsruhe 2006.

EU (2003a); Empfehlung 2003/361/EG der Kommission, veröffentlicht im Amtsblatt der Europäischen Union L124 vom 20.05.2003, Artikel 1, S. 32 ff. o.O.

EU (2003b); Beobachtungsnetz der europäischen KMU: Internationalisierung von KMU, 2003/4, Luxemburg 2003.

FASSE (1995); Fasse, F. – W.: Risk-Management im strategischen internationalen Marketing, Diss., Hamburg 1995.

FIEGE (2006); Fiege, S.: Risikomanagement- und Überwachungssystem nach KonTraG. Prozess, Instrumente, Träger, Diss., Berlin 2006.

FUEGLISTALLER et al. (2004); Fueglistaller, U.; Müller, C.; Volery, T.: Entrepreneurship: Modelle – Umsetzung – Perspektiven, mit Fallbeispielen aus Deutschland, Österreich und der Schweiz, Wiesbaden 2004.

GEBHARDT/MANSCH (2001); Gebhardt, G.; Mansch, H.: Risikomanagement und Risikocontrolling in Industrie- und Handelsunternehmen. Empfehlungen des Arbeitskreises „Finanzierungsrechnung“ der Schmalenbach-Gesellschaft für Betriebswirtschaft e.V., Schmalenbachs Zeitschrift für betriebswirtschaftliche Forschung (Hrsg.), Sonderheft Nr. 46, Düsseldorf 2001.

GESCHKA/HAMMER (1984); Geschka, H.; Hammer, R.: Die Szenariotechnik in der strategischen Unternehmensplanung, in: Hahn, D.; Taylor, B. (Hrsg.): Strategische Unternehmensplanung: Stand und Entwicklungstendenzen, 3. durchgesehe Aufl., Würzburg 1984, S. 224 – 249.

GLAUM (2000); Glaum, M.; PwC: Finanzwirtschaftliches Risikomanagement deutscher Industrie- und Handelsunternehmen: Industriestudie, Frankfurt a.M. 2000.

GRUHLER (1994); Gruhler, W.: Wirtschaftsfaktor Mittelstand – Wesenselement der Marktwirtschaft in West und Ost, 2. akt. Aufl., Köln 1994.

HAGER (2004); Hager, P.: Corporate Risk Management – Cash Flow at Risk und Value at Risk, Frankfurt am Main 2004.

HAHN (1987); Risiko-Management – Stand und Entwicklungstendenzen, in: Zeitschrift für Führung + Organisation, 1987, S. 137 ff.

HAHN/HUNGENBERG (2001); Hahn, D.; Hungenberg, H.: PuK: Planung und Kontrolle, Planungs- und Kontrollsysteme, Planungs- und Kontrollrechnung, PuK: wertorientierte Controllingkonzepte, 6. Vollst. Überarb. und erw. Auflage, Wiesbaden 2001.

HALLER (2008); Haller, W.: Was bieten Großbanken mittelständischen Unternehmen?, in: Goeke, M. (Hrsg.): Praxishandbuch Mittelstandsfinanzierung. Mit Leasing, Factoring & Co. unternehmerische Potenziale ausschöpfen, Wiesbaden 2008, S. 99 – 111.

HARDES/UHLY (2007); Hardes, H.-D.; Uhly, A.: Grundzüge der Volkswirtschaftslehre, 9. Auflage, München 2007.

HEDTSTUECK (2009); Hedtstueck, M.: Das Rohstoffkartell, in: Finance, Ausg. November 2009, Frankfurt a. M. 2009, S. 8 - 12.

HEINEN (1966); Heinen, E.: Das Zielsystem der Unternehmung, Wiesbaden 1966.

HESS (2006); Hess, M.: Wirtschaftliche Aktivitäten im Wandel – Frühformen und Entwicklung bis heute, in: Haas, H.-D.; Neumair, S.-M.: Internationale Wirtschaft. Rahmenbedingungen, Akteure, räumliche Prozesse, München 2006.

HORVÁRTH (2006); Horvárth, P.: Controlling, 10. Aufl., München 2006.

HULL (2009); Hull, J. C.: Optionen, Futures und andere Derivate, München 2009.

KARKOWSKI/FRIEN (2009); Karkowski, B,; Frien, B,: „Es gibt keine Kreditklemme“, in: Finance, Ausg. Februar 2009, Frankfurt 2009, S. 8 - 13.

KNEISSL (2008); Kneissl, U.: Der Energiepoker: Wie Erdöl und Erdgas die Weltwirtschaft beeinflussen, 2. völlig überarbeitete Neuauflage, München 2008.

KNIGHT (1921); Knight, Frank H.: Risk, Uncertainty and Profit, Diss., Boston 1921.

KNOCH (2009); Knoch, A.: Kaum Optionen bei Optionen, in: Finance, Ausgabe 10/2009, Frankfurt a.M. 2009, S. 24.

KNOCH/LÜDKE (2009); Knoch, A.; Lüdke, U.: „Nervöse Banken“ bereiten Sorgen, in: Der Treasurer, Finance-Sonderbeilage, Dezember 2009/Januar 2010, Frankfurt a. M. 2009.

KÖNIG (2008); König, R.: Management betrieblicher Risiken bei produzierenden Unternehmen, Diss., Köln 2008.

KPMG (1995); KPMG: Financial Instruments. Einsatzmöglichkeiten. Risikomanagement und Risikocontrolling. Rechnungslegung. Besteuerung., o.O. 1995.

KPMG (2007); KPMG: Energie- und Rohstoffpreise – Risiken und deren Absicherung., o.O. 2007.

KPMG (2009); KMPG: Entschlossen handeln. Erfolgreich aus der Krise., o.O. 2009.

KRIEG (1978); Krieg, W.: Risikobewältigung, in: i O 47 (1978) 12, S. 533 - 536.

KRYSTEK (2002); Krystek, U.: Unternehmenskrisen: Vermeidung und Bewältigung, in: Pastors, P.M.: Risiken des Unternehmens – vorbeugen und meistern, München 2002.

LACHMANN (1981); Lachmann, H. C.: Instrumente des Devisenmanagements. Ihre Anwendung bei Industrieunternehmungen, Darmstadt 1981.

LÖHR (2000); Löhr, D.: Implementation eines prüfungsfähigen Risikomanagementsystems – Anforderungen nach KonTraG, StB 2000.

LOHSE (2002); Lohse, B.: Risikomanagement in Dienstleistungsunternehmen – ein integratives Modell unter Berücksichtigung des KonTraG, Karlsruhe 2002.

LÜCK (1998); Lück, W.: Der Umgang mit unternehmerischen Risiken durch ein Risikomanagementsystem und durch ein Überwachungssystem, in: Der Betrieb, 51. JG, 1998, Nr. 39.

LÜCKE et al. (2007); Lücke, T.; Schmuckall, I.; Schöning, S.: Risikomanagement für Unternehmen als neues Geschäftsfeld von Kreditinstituten, in: Kreditwesen, 11/2007, o.O. 2007, 27 – 32.

MIKUS (2001); Mikus, B.: Risiken und Risikomanagement – ein Überblick, in: Götze, U.; Henselmann, K.; Mikus, B.: Risikomanagement, Heidelberg 2001.

MISSLER (2007); Mißler, P.: Einführung eines Working Capital Managements, in: Seethaler, P.; Steitz, M.: Praxishandbuch Treasury-Management. Leitfaden für die Praxis des Finanzmanagements, Wiesbaden 2007, S. 147 – 164.

NAUJOKS (1975); Naujoks, W.: Unternehmensgrößenbezogene Strukturpolitik und gewerblicher Mittelstand, Schriften zur Mittelstandsforschung Nr. 68, o.O. 1975.

NGUYEN (2008); Nguyen, T.: Handbuch der wert- und risikoorientierten Steuerung von Versicherungsunternehmen, Karlsruhe 2008.

OEHLER/UNSER (2001); Oehler, A.; Unser, M.: Finanzwirtschaftliches Risikomanagement, Heidelberg 2001.

PERRIDON/STEINER (2007); Perridon, L.; Steiner, M.: Finanzwirtschaft der Unternehmung, 14., überarbeitete und erweiterte Aufl., München 2007.

PFOHL (2006); Pfohl, H.-C.: Betriebswirtschaftslehre der Mittel- und Kleinbetriebe – Größenspezifische Probleme und Möglichkeiten zu ihrer Lösung, 4. völlig neu überarbeitete Auflage, Berlin 2006.

PEEMÖLLER/HOFMANN (2005); Peemöller, V. H.; Hofmann, S.: Bilanzskandale: Delikte und Gegenmaßnahmen, Berlin 2005.

PFOHL (1977); Pfohl, H.-C.: Problemorientierte Entscheidungsfindung in Unternehmen, Berlin 1977.

PUHANI (2003); Puhani, J.: Volkswirtschaftslehre – Basiswissen, 2. Auflage, München 2003.

REIBNITZ (1987); Reibnitz, Ute von: Szenarien – Optionen für die Zukunft, Hamburg 1987.

REICHLING (2003); Reichling, P.: Basel II: Rating und Kreditkonditionen, in: Reichling, P.: Risikomanagement und Rating: Grundlagen, Konzepte, Fallstudie, Wiesbaden 2003.

REICHLING et al. (2007); Reichling, P.; Bietke, D.; Henne, A.: Praxishandbuch Risikomanagement und Rating. Ein Leitfaden, 2. Überarbeitete und erw. Aufl., Wiesbaden 2007.

REHKUGLER (2002); Rehkugler, H.: Früerkennungsmodelle, in: Küpper, H.-U.; Wagenhöfer, A. (Hrsg.): Handwörterbuch Unternehmensrechnung und Controlling, Stuttgart 2002, S. 586 – 597.

ROMEIKE (2003); Romeike, F.: Risikoidentifikation und Risikokategorien, in: Romeike, F.; Finke, R. B.: Erfolgsfaktor Risiko-Management. Chance für Industrie und Handel. Methoden, Beispiele, Checklisten., Wiesbaden 2003.

ROMEIKE/HAGER (2009); Romeike, F.; Hager, P.: Erfolgsfaktor Risiko-Management 2.0; Methoden, Beispiele, Checklisten; Praxishandbuch für Industrie und Handel, 2. Aufl., Wiesbaden 2009.

ROMEIKE/RÜHL (2009); Romeike, F.; Rühl, U.: Risikomanagement auf dem Prüfstand, in: Wissensmanagement, Ausg. 5/09, o.O. 2009.

ROSENKRANZ/MISSLER-BEHR (2005); Rosenkranz, F.; Missler-Behr, M.: Unternehmensrisiken erkennen und managen. Einführung in die quantitative Planung, Heidelberg 2005.

SCHÄFER/FRANK (2006); Schäfer, H.; Frank, B.: Einbindung von Derivaten in das finanzwirtschaftliche Risikomanagement, in: Controlling Heft 8/9, August, September 2006, S. 447 – 453.

SCHARRER et al. (1978); Scharrer, H.-E.; Gehrmann, D.; Wetter, W.: Währungsrisiko und Währungsverhalten deutscher Unternehmen im Außenhandel, Hamburg 1978.

SCHERER (2003); Scherer, H.-W.: Pleiten, Potenziale und Perspektiven – Die Zukunft des Mittelstands in Deutschland, in: Kienbaum, J.; Börner, C. J.: Neue Finanzierungswege für den Mittelstand - Von der Notwendigkeit zu den Gestaltungsformen, Wiesbaden 2003.

SCHIFFER/SCHUBERT (2007); Schiffer, K.J.; Schubert, M. von: Haftung. Persönliche Risiken in Beruf und Unternehmen vermeiden, 2. Aufl., Berlin 2007.

SCHNORRENBERG (1997); Schnorrenberg, U.; Risikomanagement in Projekten, Wiesbaden 1997.

SEIFERT (1978); Seifert, W. G.: Richtig versichern – Risiko kalkulierbar machen (II), Haben Sie schon einen Risk-Manager?, in: Blick durch die Wirtschaft Nr. 272, 1978.

SPINDLER (2005); Spindler, C.: Währungsmanagement in internationalen Unternehmen, in: Eller, R.; Heinrich, M.; Perrot, R.; Reif, M.: Handbuch derivativer Instrumente. Produkte, Strategien, Risikomanagement, 3. überarbeitete Aufl., Stuttgart 2005, S. 361 – 387.

STAUBER (2008); Stauber, J.: Finanzinstrumente im IFRS-Abschluss von Nicht-Banken. Ein konkreter Leitfaden zur Bilanzierung und Offenlegung, Wiesbaden 2009.

STAVENHAGEN (1969); Stavenhagen, G.: Geschichte der Wirtschaftstheorie, 4. durchgesehene und erw. Aufl., Göttingen 1969.

STEINBRENNER (2008); Steinbrenner, H.-P.: Der Einsatz derivativer Instrumente in KMU, in: Goeke, M. (Hrsg.): Praxishandbuch Mittelstandsfinanzierung. Mit Leasing, Factoring & Co. unternehmerische Potenziale ausschöpfen, Wiesbaden 2008, S. 213 – 254.

STEPHAN (2002); Stephan, P.: Nachfolge in mittelständischen Familienunternehmen - Handlungsempfehlungen aus Sicht der Unternehmensführung, Diss., Bamberg 2002.

STIEFL (2005); Stiefl, J.: Finanzmanagement, München 2005.

STOCKER (2006); Stocker, K.: Management internationaler Finanz- und Währungsrisiken, 2. volständig überarb. Auflage, Wiesbaden 2006.

TILLMANN (2007); Tillmann, A.: Liquiditätsvorratshaltung und zinsoptimierte Anlage der Liquidität, in: Seethaler, P.; Steitz, M. (Hrsg.): Praxishandbuch Treasury-Management. Leitfaden für die Praxis des Finanzmanagements, Wiesbaden 2007, S. 41 – 54.

UMBACH (2003); Umbach, F.: Globale Energiesicherheit, München 2003.

WAMBACH (2002); Wambach, M.: KonTraG und Basel II als Anforderungskriterien für das Risiko-Management im Unternehmen, in: Pastors, P.M.: Risiken des Unternehmens – vorbeugen und meistern, München 2002.

WERDER (1992); Werder, A.: Risk Management, Organisation des, in: Frese, E. (Hrsg.), Handwörterbuch der Organisation, 2. Aufl., Stuttgart 1992, Sp. 2212 - 2224.

WERDER/GRUNDEI (2000); Werder, A.; Grundei, J.: „Organisation des Organisationsmanagements: Gestaltungsalternativen und Effizienzbewertung", in: Frese, E. (Hrsg.): Organisationsmanagement: Neuorientierung der Organisationsarbeit, Stuttgart 2000, S. 97 – 141.

WERDER et al. (2002); Werder, A; Grundei, J.; Talaulicar, T.: Organisation der Unternehmensorganisation im Internet-Zeitalter, in: Frese, E./Stöber, H. (Hrsg.): E-Organisation. Strategische und organisatorische Herausforderungen des Internet, Wiesbaden 2002, S. 395-423.

WIEDEMANN/HAGER (2003); Wiedemann, F.; Hager, P.: Corporate Risk Management – Cash Flow at Risk und Value at Risk, in: Romeike, F.; Finke, R. B.: Erfolgsfaktor Risikomanagement, Chance für Industrie und Handel, Methoden, Beispiele, Checklisten, Wiesbaden 2003.

WILD (1971); Wild, J.: MIS als Hilfsmittel bei der Unsicherheitsabsorption und Risikopolitik, in: Grochla, E.; Szyperski, N. (Hrsg.), Management – Informationssysteme – Eine Herausforderung an Forschung und Entwicklung, Wiesbaden 1971, S. 679 – 694.

WILD (1974); Wild, J.: Grundlagen der Unternehmensplanung, Hamburg 1974.

WITTMANN (1959); Wittmann, W.: Unternehmung und unvollkommende Information, unternehmerische Voraussicht – Ungewissheit und Planung, Köln 1959.

WÖHE (1996); Wöhe, G.: Einführung in die Allgemeine Betriebswirtschaftslehre, 19. neubearbeitete Auflage, München 1996.

WOLF/RUNZHEIMER (2003); Wolf, K.; Runzheimer, B.: Risikomanagement und KonTraG. Konzeption und Implementierung, 4. vollständig überarb. und erweiterte Aufl., Wiesbaden 2003.

WOLKE (2008); Wolke, T.: Risikomanagement, 2. vollständig überarbeitete und erweiterte Auflage, München 2008.

Internetquellen

Deutsche Bundesbank, zu finden unter URL:
http://www.bundesbank.de/bankenaufsicht/bankenaufsicht_basel.php (Stand: 24.02.2010).

Deutsche Bundesbank, zu finden unter URL:
http://www.bundesbank.de/finanzsystemstabilitaet/fs_finanzsystem.php (Stand: 24.02.2010)

Institut für Mittelstandsforschung (IfM) in Bonn, zu finden unter URL:
http://www.ifm-bonn.org/index.php?id=89 (Stand: 24.02.2010).

Institut für Mittelstandsforschung (IfM) in Bonn, zu finden unter URL:
http://www.ifm-bonn.org/index.php?id=99 (Stand: 24.02.2010).

Markt-Daten.de, zu finden unter URL:
http://www.markt-daten.de/charts/rohstoffe/kupfer.htm, (Stand: 05.02.2010).

Markt-Daten.de, zu finden unter URL:
http://www.markt-daten.de/charts/rohstoffe/palladium.htm, (Stand: 19.02.2010).

http://www.bundesbank.de/bankenaufsicht/bankenaufsicht_basel.php, Seite 1:

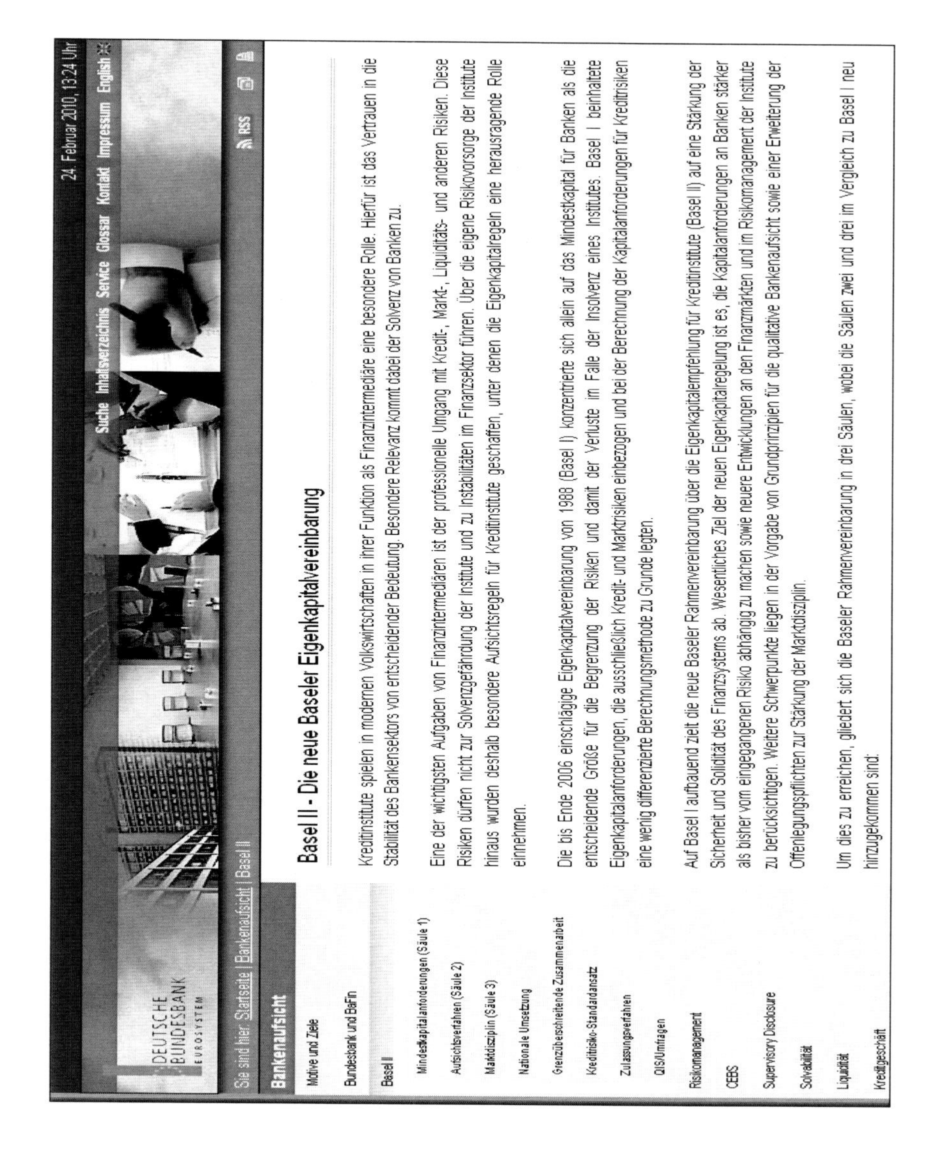

24. Februar 2010, 13:24 Uhr

Suche Inhaltsverzeichnis Service Glossar Kontakt Impressum English

DEUTSCHE BUNDESBANK EUROSYSTEM

Sie sind hier: Startseite | Bankenaufsicht | Basel II

RSS

Bankenaufsicht

- Motive und Ziele
- Bundesbank und BaFin
- Basel II
  - Mindestkapitalanforderungen (Säule 1)
  - Aufsichtsverfahren (Säule 2)
  - Marktdisziplin (Säule 3)
  - Nationale Umsetzung
  - Grenzüberschreitende Zusammenarbeit
  - Kreditrisiko-Standardansatz
  - Zulassungsverfahren
  - QIS/Umfragen
- Risikomanagement
- CEBS
- Supervisory Disclosure
- Solvabilität
- Liquidität
- Kreditgeschäft

Basel II - Die neue Baseler Eigenkapitalvereinbarung

Kreditinstitute spielen in modernen Volkswirtschaften in ihrer Funktion als Finanzintermediäre eine besondere Rolle. Hierfür ist das Vertrauen in die Stabilität des Bankensektors von entscheidender Bedeutung. Besondere Relevanz kommt dabei der Solvenz von Banken zu.

Eine der wichtigsten Aufgaben von Finanzintermediären ist der professionelle Umgang mit Kredit-, Markt-, Liquiditäts- und anderen Risiken. Diese Risiken dürfen nicht zur Solvenzgefährdung der Institute und zu Instabilitäten im Finanzsektor führen. Über die eigene Risikovorsorge der Institute hinaus wurden deshalb besondere Aufsichtsregeln für Kreditinstitute geschaffen, unter denen die Eigenkapitalregeln eine herausragende Rolle einnehmen.

Die bis Ende 2006 einschlägige Eigenkapitalvereinbarung von 1988 (Basel I) konzentrierte sich allein auf das Mindestkapital für Banken als die entscheidende Größe für die Begrenzung der Risiken und damit der Verluste im Falle der Insolvenz eines Institutes. Basel I beinhaltete Eigenkapitalanforderungen, die ausschließlich Kredit- und Marktrisiken einbezogen und bei der Berechnung der Kapitalanforderungen für Kreditrisiken eine wenig differenzierte Berechnungsmethode zu Grunde legten.

Auf Basel I aufbauend zielt die neue Baseler Rahmenvereinbarung über die Eigenkapitalempfehlung für Kreditinstitute (Basel II) auf eine Stärkung der Sicherheit und Solidität des Finanzsystems ab. Wesentliches Ziel der neuen Eigenkapitalregelung ist es, die Kapitalanforderungen an Banken stärker als bisher vom eingegangenen Risiko abhängig zu machen sowie neuere Entwicklungen an den Finanzmärkten und im Risikomanagement der Institute zu berücksichtigen. Weitere Schwerpunkte liegen in der Vorgabe von Grundprinzipien für die qualitative Bankenaufsicht sowie einer Erweiterung der Offenlegungspflichten zur Stärkung der Marktdisziplin.

Um dies zu erreichen, gliedert sich die Baseler Rahmenvereinbarung in drei Säulen, wobei die Säulen zwei und drei im Vergleich zu Basel I neu hinzugekommen sind:

http://www.bundesbank.de/bankenaufsicht/bankenaufsicht_basel.php, Seite 2:

Finanzdienstleistungsinstitute

Zahlungsinstitute

Research

Diskussionspapiere

Newsletter

Dokumentation

Meldewesen

Veranstaltungen

Kontakte

Suche

Suchbegriff

Suchwort eingeben

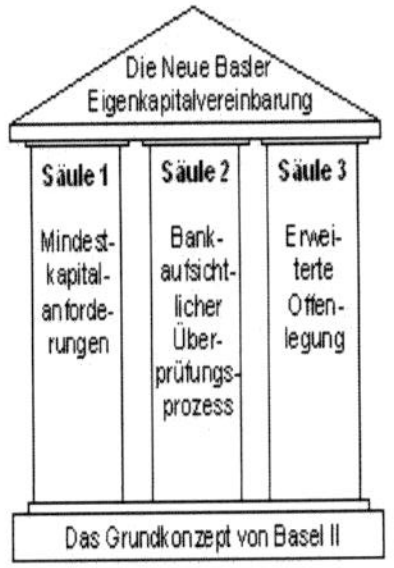

Säule 1: die Mindestkapitalanforderungen, die eine Eigenkapitalunterlegung für Kreditrisiken, Marktrisiken und operationelle Risiken beinhalten. Zur Bestimmung der Eigenkapitalanforderungen stehen für diese drei Risikobereiche im Rahmen eines evolutionären Ansatzes verschiedene Risikomessverfahren zur Wahl: einfache, standardisierte Ansätze sowie fortgeschrittenere, risikosensitivere und auf bankeigenen Verfahren beruhende Ansätze. Die fortgeschritteneren und präziseren Verfahren der Risikomessung können zu Erleichterungen bei den Kapitalanforderungen führen. Die Säule 1 gibt einen flexiblen Rahmen vor, innerhalb dessen eine Bank, unter Vorbehalt der aufsichtlichen Überprüfung, einen Ansatz verwenden kann, der ihrer Komplexität und ihrem Risikoprofil am besten entspricht. Die Ansätze zur Berechnung des zu unterlegenden Kapitals für Marktrisiken, um die Basel I 1996 erweitert wurde, sind in die Baseler Rahmenvereinbarung übernommen worden.

Die Neue Basler Eigenkapitalvereinbarung

Säule 1	Säule 2	Säule 3
Mindest-kapital-anforde-rungen	Bank-aufsicht-licher Über-prüfungs-prozess	Erwei-terte Offen-legung

Das Grundkonzept von Basel II

Säule 2 : aufsichtlicher Überprüfungsprozess (Supervisory Review Process (SRP)), der die quantitativen Mindestkapitalanforderungen der Säule 1 um ein qualitatives Element ergänzt; im Rahmen des SRP geht es entscheidend darum, das Gesamtrisiko eines Instituts und die wesentlichen Einflussfaktoren auf dessen Risikosituation zu identifizieren und bankenaufsichtlich zu würdigen.

Säule 3: Marktdisziplin, d.h. Erweiterung der Offenlegungspflichten der Institute, um die disziplinierenden Kräfte der Märkte komplementär zu den regulatorischen Anforderungen zu nutzen.

Hauptadressat von Basel II sind große, international tätige Banken. Das Grundkonzept soll sich aber auch für die Anwendung auf Banken unterschiedlicher Komplexität und unterschiedlich anspruchsvoller Tätigkeit eignen.

Während der im Jahr 1998 begonnenen Entwicklung des Basel II Regelwerkes standen die Aufsicht und die Kreditwirtschaft, die Politik sowie sonstige Interessierte in einem intensiven Dialog. Drei Konsultationspapiere und mehrere Auswirkungsstudien des Baseler Ausschusses trugen dazu bei, praxisgerechte Regelungen zu entwickeln. Mit Hilfe von Auswirkungsstudien (Quantitative Impact Studies (QIS)), bei denen Banken die jeweils aktuellen Regelungsvorschläge Probe rechneten, konnten die zukünftig resultierenden Kapitalanforderungen abgeschätzt werden. Darauf basierend wurden die Risikogewichtsformeln derart angepasst, dass für die Institute beim Wechsel zu fortschrittlicheren Messansätzen moderate Anreize zur Kapitalersparnis bestehen und weltweit das bisherige Kapitalniveau in etwa erhalten bleibt.

Die Baseler Rahmenvereinbarung wurde im Juni 2004 veröffentlicht, im Juli 2005 um Handelsbuchaspekte und die Behandlung des Doppelausfallrisikos bei Garantien ergänzt und ist Ende 2006 in Kraft getreten.

Auf europäischer Ebene erfolgte die Umsetzung von Basel II in verbindliches Recht durch die Veröffentlichung der Bankenrichtlinie (2006/48/EG) und der Kapitaladäquanzrichtlinie (2006/49/EG) im Juni 2006. In Deutschland findet die Umsetzung von Basel II in nationales Recht durch Änderungen im

http://www.bundesbank.de/bankenaufsicht/bankenaufsicht_basel.php, Seite 3:

Während der im Jahr 1998 begonnenen Entwicklung des Basel II Regelwerkes standen die Aufsicht und die Kreditwirtschaft, die Politik sowie sonstige Interessierte in einem intensiven Dialog. Drei Konsultationspapiere und mehrere Auswirkungsstudien des Baseler Ausschusses trugen dazu bei, praxisgerechte Regelungen zu entwickeln. Mit Hilfe von Auswirkungsstudien (Quantitative Impact Studies (QIS)), bei denen Banken die jeweils aktuellen Regelungsvorschläge Probe rechneten, konnten die zukünftig resultierenden Kapitalanforderungen abgeschätzt werden. Darauf basierend wurden die Risikogewichtsformeln derart angepasst, dass für die Institute beim Wechsel zu fortschrittlicheren Messansätzen moderate Anreize zur Kapitalersparnis bestehen und weltweit das bisherige Kapitalniveau in etwa erhalten bleibt.

Die Baseler Rahmenvereinbarung wurde im Juni 2004 veröffentlicht, im Juli 2005 um Handelsbuchaspekte und die Behandlung des Doppelausfallrisikos bei Garantien ergänzt und ist Ende 2006 in Kraft getreten.

Auf europäischer Ebene erfolgte die Umsetzung von Basel II in verbindliches Recht durch die Veröffentlichung der Bankenrichtlinie (2006/48/EG) und der Kapitaladäquanzrichtlinie (2006/49/EG) im Juni 2006. In Deutschland findet die Umsetzung von Basel II in nationales Recht durch Änderungen im Kreditwesengesetz und durch ergänzende Verordnungen, insbesondere die Mitte Dezember 2006 veröffentlichte Solvabilitätsverordnung (SolvV) und die Groß- und Millionenkreditverordnung, statt. Der Schwerpunkt der Umsetzung der ersten Säule von Basel II liegt bei der SolvV. Ebenfalls größtenteils in die SolvV übernommen wurde die Baseler Säule 3. Die in der zweiten Säule verankerten qualitativen Anforderungen sind in den Mindestanforderungen an das Risikomanagement (MaRisk) konkretisiert. In das Rundschreiben 07/2007 der BaFin zu den Zinsänderungsrisiken im Anlagebuch und der Ermittlung der Auswirkungen einer plötzlichen und unerwarteten Zinsänderung sind die quantitativen Anforderungen der Baseler Säule 2 bzw. der europäischen Bankenrichtlinie zum Zinsschock eingeflossen.

Chronologie

Monat	Jahr	Ereignis
Juli	1988	Veröffentlichung der Baseler Eigenkapitalvereinbarung (Basel I)
Ende	1992	Inkrafttreten von Basel I
Januar	1996	Baseler Marktrisikopapier
Juni	1999	Erstes Konsultationspapier zur Neufassung der Eigenkapitalvereinbarung (Basel II)
Januar	2001	Zweites Konsultationspapier zu Basel II
Mai	2003	Drittes Konsultationspapier zu Basel II
Juni	2004	Veröffentlichung der Rahmenvereinbarung zur neuen Baseler Eigenkapitalempfehlung (Basel II)
Juli	2005	Ergänzung der Rahmenvereinbarung um Handelsbuchaspekte und die Behandlung des Doppelausfallrisikos bei Garantien
Ende	2006	Inkrafttreten von Basel II

http://www.bundesbank.de/finanzsystemstabilitaet/fs_finanzsystem.php

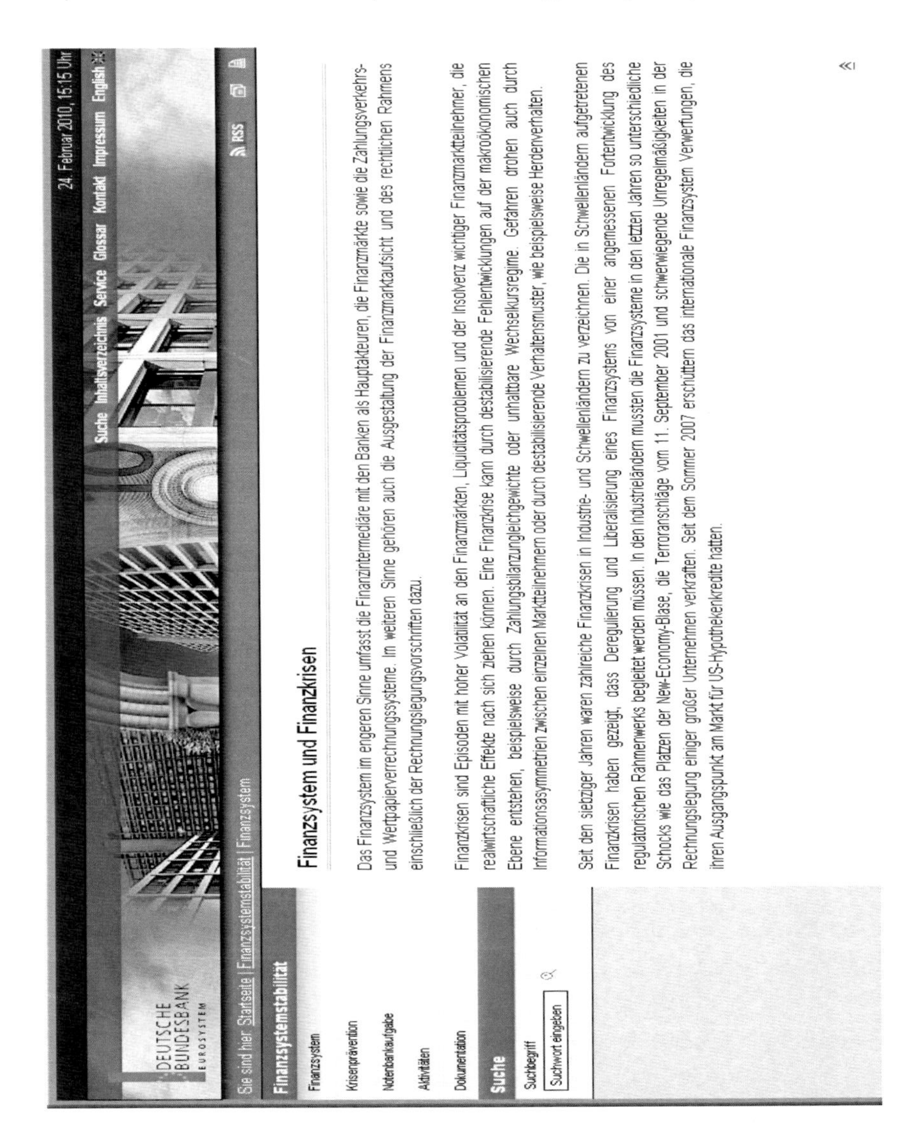

24. Februar 2010, 15:15 Uhr

Suche Inhaltsverzeichnis Service Glossar Kontakt Impressum English

DEUTSCHE BUNDESBANK EUROSYSTEM

Sie sind hier: Startseite | Finanzsystemstabilität | Finanzsystem

RSS

Finanzsystemstabilität

Finanzsystem

Krisenprävention

Notenbankaufgabe

Aktivitäten

Dokumentation

Suche

Suchbegriff

Suchwort eingeben

Finanzsystem und Finanzkrisen

Das Finanzsystem im engeren Sinne umfasst die Finanzintermediäre mit den Banken als Hauptakteuren, die Finanzmärkte sowie die Zahlungsverkehrs- und Wertpapierverrechnungssysteme. Im weiteren Sinne gehören auch die Ausgestaltung der Finanzmarktaufsicht und des rechtlichen Rahmens einschließlich der Rechnungslegungsvorschriften dazu.

Finanzkrisen sind Episoden mit hoher Volatilität an den Finanzmärkten, Liquiditätsproblemen und der Insolvenz wichtiger Finanzmarktteilnehmer, die realwirtschaftliche Effekte nach sich ziehen können. Eine Finanzkrise kann durch destabilisierende Fehlentwicklungen auf der makroökonomischen Ebene entstehen, beispielsweise durch Zahlungsbilanzungleichgewichte oder unhaltbare Wechselkursregime. Gefahren drohen auch durch Informationsasymmetrien zwischen einzelnen Marktteilnehmern oder durch destabilisierende Verhaltensmuster, wie beispielsweise Herdenverhalten.

Seit den siebziger Jahren waren zahlreiche Finanzkrisen in Industrie- und Schwellenländern zu verzeichnen. Die in Schwellenländern aufgetretenen Finanzkrisen haben gezeigt, dass Deregulierung und Liberalisierung eines Finanzsystems von einer angemessenen Fortentwicklung des regulatorischen Rahmenwerks begleitet werden müssen. In den Industrieländern mussten die Finanzsysteme in den letzten Jahren so unterschiedliche Schocks wie das Platzen der New-Economy-Blase, die Terroranschläge vom 11. September 2001 und schwerwiegende Unregelmäßigkeiten in der Rechnungslegung einiger großer Unternehmen verkraften. Seit dem Sommer 2007 erschüttern das internationale Finanzsystem Verwerfungen, die ihren Ausgangspunkt am Markt für US-Hypothekenkredite hatten.

URL: http://www.ifm-bonn.org/index.php?id=89

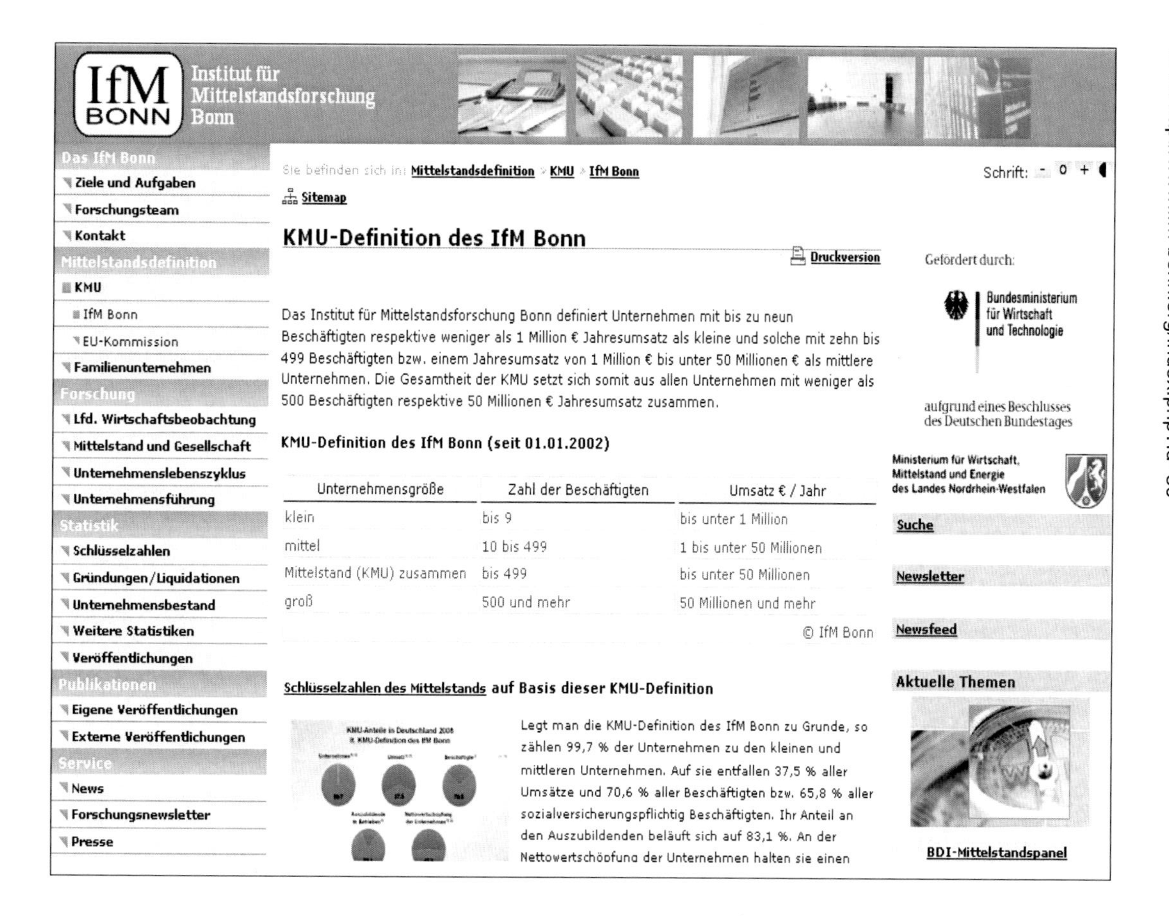
IfM BONN Institut für Mittelstandsforschung Bonn

Das IfM Bonn
- Ziele und Aufgaben
- Forschungsteam
- Kontakt

Mittelstandsdefinition
- KMU
  - IfM Bonn
  - EU-Kommission
- Familienunternehmen

Forschung
- Lfd. Wirtschaftsbeobachtung
- Mittelstand und Gesellschaft
- Unternehmenslebenszyklus
- Unternehmensführung

Statistik
- Schlüsselzahlen
- Gründungen/Liquidationen
- Unternehmensbestand
- Weitere Statistiken
- Veröffentlichungen

Publikationen
- Eigene Veröffentlichungen
- Externe Veröffentlichungen

Service
- News
- Forschungsnewsletter
- Presse

Sie befinden sich in: Mittelstandsdefinition > KMU > IfM Bonn

Schrift: - 0 +

Sitemap

KMU-Definition des IfM Bonn

Druckversion

Das Institut für Mittelstandsforschung Bonn definiert Unternehmen mit bis zu neun Beschäftigten respektive weniger als 1 Million € Jahresumsatz als kleine und solche mit zehn bis 499 Beschäftigten bzw. einem Jahresumsatz von 1 Million € bis unter 50 Millionen € als mittlere Unternehmen. Die Gesamtheit der KMU setzt sich somit aus allen Unternehmen mit weniger als 500 Beschäftigten respektive 50 Millionen € Jahresumsatz zusammen.

KMU-Definition des IfM Bonn (seit 01.01.2002)

Unternehmensgröße	Zahl der Beschäftigten	Umsatz € / Jahr
klein	bis 9	bis unter 1 Million
mittel	10 bis 499	1 bis unter 50 Millionen
Mittelstand (KMU) zusammen	bis 499	bis unter 50 Millionen
groß	500 und mehr	50 Millionen und mehr

© IfM Bonn

Schlüsselzahlen des Mittelstands auf Basis dieser KMU-Definition

KMU-Anteile in Deutschland 2008 lt. KMU-Definition des IfM Bonn

Legt man die KMU-Definition des IfM Bonn zu Grunde, so zählen 99,7 % der Unternehmen zu den kleinen und mittleren Unternehmen. Auf sie entfallen 37,5 % aller Umsätze und 70,6 % aller Beschäftigten bzw. 65,8 % aller sozialversicherungspflichtig Beschäftigten. Ihr Anteil an den Auszubildenden beläuft sich auf 83,1 %. An der Nettowertschöpfung der Unternehmen halten sie einen

Gefördert durch:

Bundesministerium für Wirtschaft und Technologie

aufgrund eines Beschlusses des Deutschen Bundestages

Ministerium für Wirtschaft, Mittelstand und Energie des Landes Nordrhein-Westfalen

Suche

Newsletter

Newsfeed

Aktuelle Themen

BDI-Mittelstandspanel

URL: http://www.ifm-bonn.org/index.php?id=99, Seite 1:

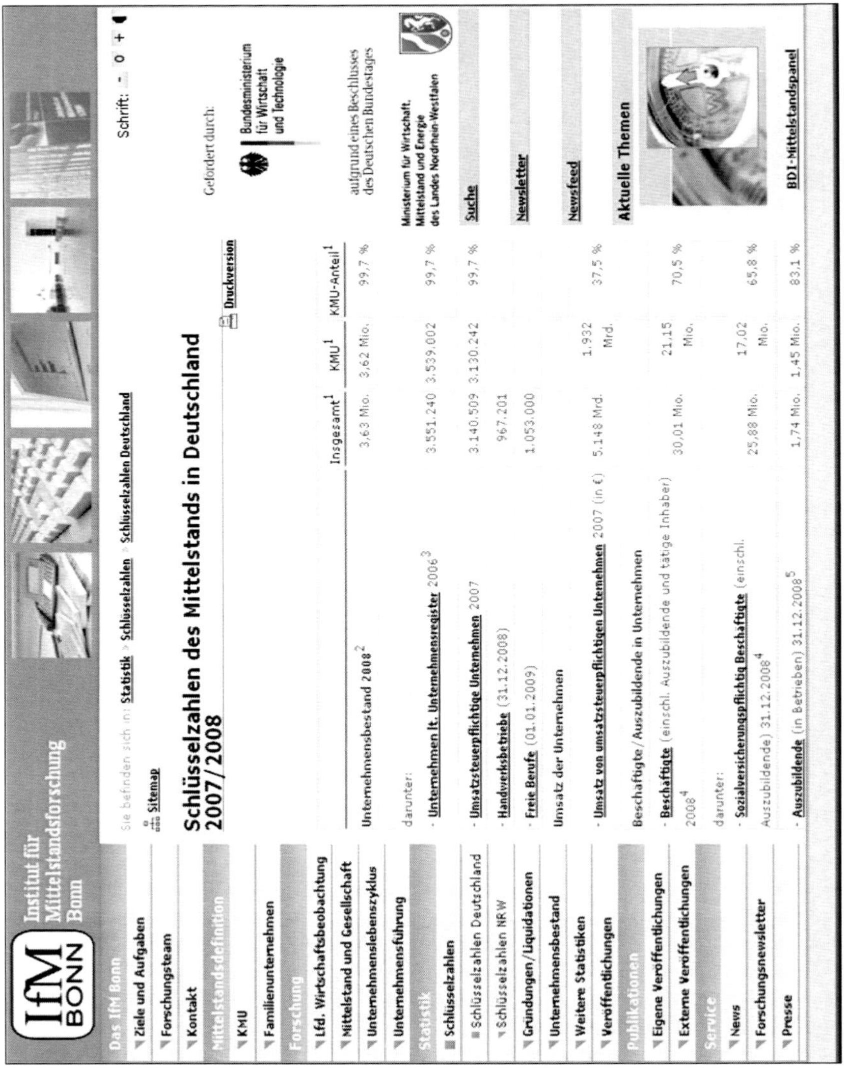

IfM BONN Institut für Mittelstandsforschung Bonn

Das IfM Bonn
- Ziele und Aufgaben
- Forschungsteam
- Kontakt

Mittelstandsdefinition
- KMU
- Familienunternehmen

Forschung
- Lfd. Wirtschaftsbeobachtung
- Mittelstand und Gesellschaft
- Unternehmenslebenszyklus
- Unternehmensführung

Statistik
- Schlüsselzahlen
  - Schlüsselzahlen Deutschland
  - Schlüsselzahlen NRW
- Gründungen/Liquidationen
- Unternehmensbestand
- Weitere Statistiken
- Veröffentlichungen

Publikationen
- Eigene Veröffentlichungen
- Externe Veröffentlichungen

Service
- News
- Forschungsnewsletter
- Presse

Sie befinden sich in: Statistik > Schlüsselzahlen > Schlüsselzahlen Deutschland

Schrift: - 0 +

Sitemap

Schlüsselzahlen des Mittelstands in Deutschland 2007/2008

Druckversion

	Insgesamt[1]	KMU[1]	KMU-Anteil[1]
Unternehmensbestand 2008[2]	3,63 Mio.	3,62 Mio.	99,7 %
darunter:			
- Unternehmen lt. Unternehmensregister 2006[3]	3.551.240	3.539.002	99,7 %
- Umsatzsteuerpflichtige Unternehmen 2007	3.140.509	3.130.242	99,7 %
- Handwerksbetriebe (31.12.2008)	967.201		
- Freie Berufe (01.01.2009)	1.053.000		
Umsatz der Unternehmen			
- Umsatz von umsatzsteuerpflichtigen Unternehmen 2007 (in €)	5.148 Mrd.	1.932 Mrd.	37,5 %
Beschäftigte/Auszubildende in Unternehmen			
- Beschäftigte (einschl. Auszubildende und tätige Inhaber) 2008[4]	30,01 Mio.	21,15 Mio.	70,5 %
darunter:			
- Sozialversicherungspflichtig Beschäftigte (einschl. Auszubildende) 31.12.2008[4]	25,88 Mio.	17,02 Mio.	65,8 %
- Auszubildende (in Betrieben) 31.12.2008[5]	1,74 Mio.	1,45 Mio.	83,1 %

Gefördert durch:

Bundesministerium für Wirtschaft und Technologie

aufgrund eines Beschlusses des Deutschen Bundestages

Ministerium für Wirtschaft, Mittelstand und Energie des Landes Nordrhein-Westfalen

Suche

Newsletter

Newsfeed

Aktuelle Themen

BDI-Mittelstandspanel

URL: http://www.ifm-bonn.org/index.php?id=99, Seite 2:

KMU
Familienunternehmen
Forschung
Lfd. Wirtschaftsbeobachtung
Mittelstand und Gesellschaft
Unternehmenslebenszyklus
Unternehmensführung
Statistik
Schlüsselzahlen
Schlüsselzahlen Deutschland
Schlüsselzahlen NRW
Gründungen/Liquidationen
Unternehmensbestand
Weitere Statistiken
Veröffentlichungen
Publikationen
Eigene Veröffentlichungen
Externe Veröffentlichungen
Service
News
Forschungsnewsletter
Presse
Downloads
Veranstaltungshinweise
Offene Stellen
Links
Intern

	Insgesamt[1]	KMU[1]	KMU-Anteil[1]
Unternehmensbestand 2008[2]	3,63 Mio.	3,62 Mio.	99,7 %
darunter:			
- **Unternehmen lt. Unternehmensregister** 2006[3]	3.551.240	3.539.002	99,7 %
- **Umsatzsteuerpflichtige Unternehmen** 2007	3.140.509	3.130.242	99,7 %
- **Handwerksbetriebe** (31.12.2008)	967.201		
- **Freie Berufe** (01.01.2009)	1.053.000		
Umsatz der Unternehmen			
- **Umsatz von umsatzsteuerpflichtigen Unternehmen** 2007 (in €)	5.148 Mrd.	1.932 Mrd.	37,5 %
Beschäftigte/Auszubildende in Unternehmen			
- **Beschäftigte** (einschl. Auszubildende und tätige Inhaber) 2008[4]	30,01 Mio.	21,15 Mio.	70,5 %
darunter:			
- **Sozialversicherungspflichtig Beschäftigte** (einschl. Auszubildende) 31.12.2008[4]	25,88 Mio.	17,02 Mio.	65,8 %
- **Auszubildende** (in Betrieben) 31.12.2008[5]	1,74 Mio.	1,45 Mio.	83,1 %
- **Selbstständige** 2008[6]	4,14 Mio.		
- **Selbstständigenquote** 2008[6, 7]	10,7 %		
nachrichtlich:			
- **Selbstständige** 2008 ohne Landwirtschaft[8]	3,87 Mio.		
- **Selbstständigenquote** 2008 ohne Landwirtschaft[7, 8]	10,2 %		
Nettowertschöpfung der Unternehmen 2007[9]			47,3 %

© IfM Bonn

Bundesministerium für Wirtschaft und Technologie

aufgrund eines Beschlusses des Deutschen Bundestages

Ministerium für Wirtschaft, Mittelstand und Energie des Landes Nordrhein-Westfalen

Suche

Newsletter

Newsfeed

Aktuelle Themen

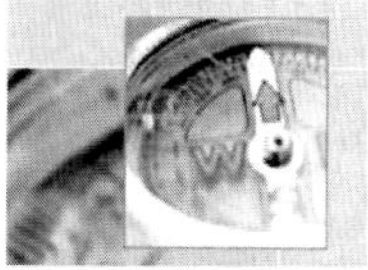

BDI-Mittelstandspanel

EUROPEAN ENTERPRISE AWARDS

European Enterprise Awards